JN437512

초급 스페인어 작문 개정판

Modelo de Producción Escrita en Español: Nivel Básico

초급 스페인어 작문

| 이강국, 성초림, 곽재용, 유은정 |

개정판

HU:iNE

머리말

흔히 작문을 종합 교과목이라고 한다. 어휘, 문법, 문형에 대한 이해가 종합적으로 어우러져야 하기 때문이다. 여기에 실생활에서 쓰이는 표현인가 하는 문제가 부가된다. 아무리 적절한 어휘와 문법을 활용해 정확한 문장을 만들었어도 원어민들이 일반적으로 빈번히 사용하는 표현이 아니라면 효용성이 떨어지기 때문이다. 문법적으로 올바르고 실생활에서 쓰이는 좋은 문장을 글로 쓰면 작문이고, 말로 하면 회화가 되는 것이다.
이 책의 목적은 초급 수준의 학습자들이 실생활에서 유용한 구문들을 문법 단계별로 익힐 수 있도록 가이드라인을 제공하는 것이다. 이를 위해 초급 수준에서 반드시 익혀야 하는 어휘와 문법 사항들을 선별했고, 이를 토대로 최대한 실용적인 예문들을 제시하고 있다.

각 과는 수준 별로 점차 난이도를 더 해갈 수 있도록 다음과 같이 구성하였다.

1. 각 과에서 다루고자 하는 문법 내용을 요약해 제시하였다. 이를 통해 해당 문법을 간단하게 익힐 수도 있고 문법책에서 익힌 내용을 되새길 수도 있을 것이다.

2. 문법의 용법 별로 적절한 수의 예문들을 제시하였다. 문법은 그 쓰임의 예를 익히는 것이 중요하다. 이를 위해 가장 쓰임이 많은 예들을 엄선해 제시하였다. 동시에 다양한 어휘와 숙어들을 이용해 전달하고자 하는 내용을 표현할 수 있도록 하였다.

3. 연습문제는 1~10과까지는 A, B 두 단계로 나누었으며, 11~20과까지는 C단계를 추가하였다.

연습문제 A: 각 과에서 익혀야 하는 문형을 중심으로 핵심 단어 또는 표현을 채워 넣는 형식이다. 초급자는 이를 통해 각 과의 기본 문형에 대한 이해를 넓히게 된다.

연습문제 B: 앞에서 학습한 문법 및 문형 지식을 토대로 단문을 작문하는 연습을 한다. 완성된 문장을 만드는 연습을 통해 본인이 전달하고자 하는 의미를 제대로 표현하는 능력을 기르게 된다.

연습문제 C: 난이도 높은 작문 연습을 위해 11과부터 포함되었다. A와 B단계는 단문의 작문 연습을 위한 것인 반면에 C단계는 복문과 중문의 작문을 연습하기 위한 것이다. 이는 중급으로 넘어가는 중간 과정으로써 복잡한 문형 연습을 통해 스페인어 실력을 기르고 긴 문장을 구성하는데 따르는 두려움을 해소해 줄 것이다.

연습문제 끝 부분에는 참고 어휘를 넣어 어휘 선택에 도움이 되도록 배려하였으며, 책 마지막 부분에는 동사변화표를 넣어 초보자들의 학습을 돕고자 하였다. 본 교재는 대학의 초급 스페인어 작문 강의용 교재로 교수자와 학습자가 강의 시간에 함께 직접 연습문제를 풀어보는 것을 의도로 하여 모범답안은 제시하지 않았다.

이 책은 스페인어를 처음 접하는 초보 학습자들을 위한 작문 지침서이다. 좋은 작문을 위해서는 풍부한 어휘력과 표현, 정확한 문법, 문형 구성에 대한 이해력 등이 종합적으로 필요하다. 초보 학습자들이 쉽게 익힐 수 있도록 문법 단계별로 구성해 놓은 만큼 열심히 익혀 더 높은 수준으로 도약하는 발판으로 삼기를 바란다.

2015년 2월

저자 일동

Índice

La lección 07

La lección 08

La lección 09

La lección 10

La lección 11

La lección 12

La lección 13

알파벳과 발음, 강세의 위치

1. 알파벳

대문자	소문자	명칭	대문자	소문자	명칭
A	a	a	Ñ	ñ	eñe
B	b	be	O	o	o
C	c	ce	P	p	pe
D	d	de	Q	q	cu
E	e	e	R	r	erre
F	f	efe	S	s	ese
G	g	ge	T	t	te
H	h	hache	U	u	u
I	i	i	V	v	ve (또는 uve)
J	j	jota	W	w	ve doble (또는 uve doble)
K	k	ka	X	x	equis
L	l	ele	Y	y	ye (또는 i griega)
M	m	eme	Z	z	zeta
N	n	ene			

2. 발음

2.1. 모음

a, e, i, o, u

2.2. 자음

B b	base	beber	abuelo
C c	casa	alcohol	cuna
	cena	gracias	
	queso	quien	
	chica	ancho	chubasco
D d	dar	dedo	duda
F f	fama	fea	fumar
G g	gato	amigo	guapo
	gente	gitano	
	guerra	guitarra	
	vergüenza	lingüista	
H h	hacer	hombre	humo
J j	jamón	jinete	jugar
K k	kilogramo	kilolitro	kilómetro
L l	lana	alto	árbol
	paella	calle	lluvia
M m	mamá	armisticio	tótem
N n	nadar	Francia	pasión
	blanco	tango	naranja

Ññ	caña	año	pañuelo
P p	padre	esposo	puerta
Q q	querer	quitar	aquí
R r	ratón	rosa	rumor
	alrededor	enredadera	Israel
	pero : perro	caro : carro	
S s	saber	siesta	sucesos
T t	taco	teatro	tarot
V v	vaca	vivir	vuelo
W w	Washington	William	
X x	examen	taxi	
	México	Texas	
	xilófono	xilografía	
Y y	ya	yo	Yucatán
Z z	arroz	corazón	zumo

3. 강세의 위치

1) 모음이나 -n, 또는 -s로 끝나는 단어는 뒤에서 두 번째 음절의 모음에 강세가 놓인다.

que-sa-di-lla　　tar-de　　chi-co

i-ma-gen　　lu-nes

2) -n, -s를 제외한 자음으로 끝나는 단어는 끝음절 모음에 강세가 놓인다.

ciu-dad	re-loj	lo-cal
ha-blar	U-ru-guay	em-pe-ra-triz

3) 예외가 되는 단어들은 강세를 표시한다.

ca-fé	sá-ba-do	au-to-bús

Modelo de Producción
Escrita en Español:
Nivel Básico

La lección 01

1.1. 관사와 명사의 성·수

1.2. 명사와 형용사의 성·수 일치

1.3. 지시 형용사

La lección 01

1.1. 관사와 명사의 성·수

1.1.1. 정관사와 부정관사

	정관사		부정관사	
	단수	복수	단수	복수
남성	el	los	un	unos
여성	la	las	una	unas

1.1.2. 명사의 성

남성명사는 대체로 -o로 끝나지만, -a로 끝나는 것들도 있다.

el clima　　el drama　　el mapa

el problema　　el tema　　el dilema

-o나 자음으로 끝나는 남성 명사들은 대체로 어미를 -a로 바꾸거나 첨가해 여성형을 만든다.

el coreano　　la coreana

el escritor　　la escritora

el español　　la española

un amigo	una amiga
un inglés	una inglesa
un profesor	una profesora

남성형과 여성형이 동일한 경우 관사로 성을 구분하는 것들도 있다.

el periodista	la periodista
un estudiante	una estudiante

남성과 여성 형태가 불규칙한 형태들도 있다.

el actor	la actriz
el rey	la reina
el príncipe	la princesa

여성 명사이지만 [a]로 시작되며 이 모음 위에 강세가 놓이는 경우에는 정관사는 el, 부정관사는 un이 된다. 복수의 경우에는 정관사는 las, 부정관사는 unas를 쓴다.

el agua	las aguas
el águila	las águilas
el hacha	las hachas

1.1.3. 명사의 수

복수는 모음으로 끝나는 단어에는 -s를, 자음으로 끝나는 단어에는 -es를 붙여 만든다.

la casa	las casas
el ordenador	los ordenadores
un hombre	unos hombres
una mujer	unas mujeres

1.2. 명사와 형용사의 성·수 일치

정관사, 부정관사와 더불어 형용사는 수식하는 명사와 성과 수가 일치해야 한다. 어순은 일반적으로 『관사+명사+형용사』이다.

el coche blanco	los coches blancos
la canción española	las canciones españolas
un barco negro	unos barcos negros
una chica inglesa	unas chicas inglesas

1.3. 지시 형용사

este '이~'는 화자에게 가까운 것을, ese '그~'는 청자에게 가까운 것을, aquel '저~'는 화자와 청자 모두에게 먼 것을 가리킬 때 사용한다. 지시형용사는 수식하는 명사와 성과 수가 일치해야 한다.

성 / 수	단수	복수	단수	복수	단수	복수
남성	este	estos	ese	esos	aquel	aquellos
여성	esta	estas	esa	esas	aquella	aquellas

este libro	estos libros
esta mesa	estas mesas
ese lápiz	esos lápices
esa muchacha	esas muchachas
aquel teléfono	aquellos teléfonos
aquella revista	aquellas revistas

연습문제

A. 우리말 표현에 따라 빈칸을 채우시오.

1. 깨끗한 물: el agua ________.

2. 잘 생긴 왕자: el príncipe ________.

3. 저 뚱뚱한 공주: aquella princesa ________.

4. 그 아름다운 도시: esa ciudad ________.

5. 저 비싼 전화기: ________ teléfono ________.

6. 이 스페인 신문들: ________ periódicos ________.

7. 작은 지도 한 개: ________ mapa ________.

8. 그 키 큰 멕시코 남자들: ________ mexicanos ________.

9. 몇 명의 친절한 여직원들: ________ empleadas ________.

10. 이 쉬운 연습문제들: ________ ejercicios ________.

B. 우리말 표현을 스페인어로 작문 하시오.

1. 몇 개의 볼펜들

2. 그 흰 종이들

3. 그 독수리들

4. 몇몇 큰 병원들

5. 그 미국 남자들

6. 이 큰 고양이들

7. 저 아름다운 꽃들

8. 하나의 어려운 문제

9. 저 주제들

10. 건조한 기후

11. 그 아름다운 여배우들

12. 저 멕시코 잡지들

13. 그 큰 공원

14. 이 똑똑한 여기자

15. 그 빠른 차

참고어휘

건조한: seco(a)	기후: el clima
문제: el problema	빠른: rápido(a)
종이: el papel	지도: el mapa

Nota

Modelo de Producción
Escrita en Español:
Nivel Básico

La lección 02

2.1. 인칭대명사 주격과 소유형용사 (전치형)

2.2. ser와 estar의 직설법 현재

2.3. 규칙 동사의 직설법 현재

La lección 02

2.1. 인칭대명사 주격과 소유형용사 (전치형)

2.1.1. 인칭대명사 주격

인칭 \ 수	단수	복수
1	yo	nosotros / nosotras
2	tú	vosotros / vosotras
3	él ella usted (Ud.)	ellos ellas ustedes (Uds.)

Ud.은 usted, Uds.는 ustedes의 약자이다. 의미상은 2인칭이지만, 문법적으로는 3인칭 동사 변화형을 취한다.

2.1.2. 소유형용사 (전치형)

인칭 \ 수	단수	복수
1	mi / mis	nuestro / nuestros nuestra / nuestras
2	tu / tus	vuestro / vuestros vuestra / vuestras
3	su / sus	su / sus

2.2. ser와 estar의 직설법 현재

ser와 estar는 '~이다, ~(이)있다'라는 의미의 동사들로써 주어의 속성이나 상태 등을 나타낸다. 인칭과 수에 따른 변화형은 다음과 같다.

[ser]

인칭 \ 수	단수	복수
1	soy	somos
2	eres	sois
3	es	son

[estar]

인칭 \ 수	단수	복수
1	estoy	estamos
2	estás	estáis
3	está	están

ser 동사는 출신, 소속, 신분, 직업 등 비교적 본질적인 속성을 나타내며 estar동사는 일시적인 상태나 위치 등을 나타낸다. 상태를 나타낼 때는 형용사나 과거분사와 함께 쓰이고, 위치를 나타낼 때는 주로 전치사 en과 함께 쓰인다.

2.3. 규칙 동사의 직설법 현재

스페인어 동사는 어미의 형태에 따라 편의상 1변화(-ar), 2변화(-er), 3변화(-ir) 동사로 구분한다. 인칭과 수에 따른 변화는 다음과 같다.

hablar		comer		vivir	
hablo	hablamos	como	comemos	vivo	vivimos
hablas	habláis	comes	coméis	vives	vivís
habla	hablan	come	comen	vive	viven

EX 2.1.

[문항]
너는 어디 출신이니? / 나는 한국 출신이야.

[작문]
¿De dónde eres tú? / Soy de Corea.

[해설]
국적이나 출생지 등을 묻고 답하는 문장이다. 친근한 사이에서는 2인칭 주격 대명사 tú를 사용하며, 격식을 갖추고자 하는 경우는 Ud.을 사용한다. 위 질문에 대한 대답으로는 ser de의 뒤에 국명이나 지명을 쓸 수도 있고 ser 뒤에 바로 국명 형용사를 쓸 수도 있다.

[응용표현]
- 그의 할아버지는 부산 분이다.
  Su abuelo es de Busan.
- 나의 스페인어 여선생님은 콜롬비아분이다.
  Mi profesora de español es colombiana.

EX 2.2.

[문항]
그 여자는 누구니? / 내 조카야. 스페인어과 학생이야.

[작문]
¿Quién es ella? / Es mi sobrina. Es estudiante del Departamento de español.

[해설]
사람의 신분이나 직업을 묻는 질문과 대답이다. 두 번째 문장에서 ser의 주어가 나타나지 않는 것은 앞 문장의 주어로 미루어 충분히 알 수 있는 경우이기 때문이다. estudiante는 남성형과 여성형이 동일하다.

[응용표현]
- 그의 어머니는 의사다.
  Su madre es médica.
- 그들은 영어 선생님이다.
  Ellos son profesores de inglés.

EX 2.3.

[문항]

그 차는 누구의 것입니까? / 후안의 아버지 것입니다.

[작문]

¿De quién es ese coche? / Es del padre de Juan.

[해설]

ser가 전치사 de와 함께 사용되는 경우 출신, 소속, 사물의 재질 등을 나타내는 것뿐만 아니라 소유 관계를 표현하기도 한다.

[응용표현]

▶ 그 가방은 무엇으로 만들어졌나요? / 천과 가죽으로 만들어졌다.
¿De qué es la mochila? / Es de tela y cuero.

▶ 이 소설은 저 칠레 여류작가의 것이다.
Esta novela es de aquella escritora chilena.

EX 2.4.

[문항]

어떻게 지내니? / 잘 지내, 고마워.

[작문]

¿Cómo estás? / Estoy bien, gracias.

[해설]

안부나 상태를 묻고 답하는 문장이다. bien은 부사이므로 주어와 성과 수의 일치를 하지 않지만, 형용사나 과거분사가 주격보어로 쓰이는 경우에는 주어의 성과 수에 일치한다. 부정문은 인칭 변화한 동사 앞에 no를 사용하여 No estoy bien.으로 표현한다.

¿Cómo estás?가 안부를 묻는 질문인 반면에, ¿Cómo es?는 외모나 성격 등을 묻는데 쓰인다.

[응용표현]

▶ 그녀는 무척 바쁘다.
Ella está muy ocupada.

▶ 너희 스페인어 여선생님은 어떤 분이니? / 상냥하고 미인이셔.
¿Cómo es vuestra profesora de español? / Es amable y guapa.

EX 2.5.

[문항]
너희들 지금 어디에 있니? / 식당에 있어.

[작문]
¿Dónde estáis ahora? / Estamos en el comedor.

[해설]
estar는 장소의 부사 혹은 전치사 en과 함께 위치를 나타낸다. ahora는 "지금"이라는 의미의 부사이며 Dónde는 장소를 묻는 의문부사이다.
"(회의, 행사 등이) 거행되다, 열리다, 있다"의 의미일 때도 ser를 쓸 수 있다.

[응용표현]
- 우리 책들이 어디에 있니? / 집에 있어.
  ¿Dónde están nuestros libros? / Están en casa.
- 회의는 세르반테스 홀에서 열립니다.
  La conferencia es en la Sala de Cervantes.

EX 2.6.

[문항]
너는 스페인어를 잘 하니? / 아직은 잘 못해.

[작문]
¿Hablas bien español? / Aún no muy bien.

[해설]
"(언어를) 말하다"라는 의미의 동사는 hablar이다. -ar로 끝나는 동사들을 편의상 제 1변화 동사라고 부른다. aún은 "아직", mucho는 "많이"라는 의미의 부사이다.

[응용표현]
- 소년들은 한국 민속춤을 잘 춘다.
  Los chicos bailan bien la danza folclórica coreana.
- 저 사람들은 이 정비소에서 일한다.
  Aquellas personas trabajan en este taller.

EX 2.7.

[문항]

그들은 책을 판매한다.

[작문]

Ellos venden libros.

[해설]

-er로 끝나는 동사들을 편의상 제 2변화 동사라고 부른다. vender의 목적어인 libros는 무관사 복수형으로 쓰여 '불특정한 책들'을 표현한다. 몇몇 종류의 책을 판매한다고 할 경우는 unos libros가, 특정한 책을 판매한다는 의미로는 los libros가 된다.

[응용표현]

▶ 아나는 사과 하나를 먹는다.
Ana come una manzana.

▶ 스페인 사람들은 와인을 자주 마신다.
Los españoles beben vino con frecuencia.

EX 2.8.

[문항]

저 사람들은 이 마을에 살고 있지 않다.

[작문]

Aquellas personas no viven en este pueblo.

[해설]

-ir로 끝나는 동사들을 편의상 제 3변화 동사라고 부른다. "~에 살다"라는 의미를 나타내고자 하는 경우에는 vivir 뒤에 전치사 en을 사용할 수 있다. 이 밖에도 위치를 나타내는 부사구인 cerca de "~가까이에, ~근처에", lejos de "~에서 먼" 등도 쓸 수 있다.

[응용표현]

▶ 이 기차는 지금 출발한다.
Este tren parte ahora.

▶ 호세는 이 큰 문을 연다.
José abre esta puerta grande.

연습문제

A. 우리말 문장에 따라 빈칸을 채우시오.

1. 나의 애인은 안동 출신이다.
   ______ novia es de Andong.

2. 그의 여동생은 변호사이다.
   ______ hermana menor es abogada.

3. 학생들은 모두 녹초가 되어 있다.
   Todos los estudiantes están ______.

4. 프라도 박물관은 어디에 있습니까?
   ¿Dónde ______ el *Museo del Prado*?

5. 너희들은 무엇을 읽니?
   ¿Qué ______ vosotros?

6. 그들은 스페인어를 열심히 공부한다.
   Ellos ______ mucho el español.

7. 그녀는 병원 근처에 산다.
   Ella ______ cerca del hospital.

8. 너의 숙모께서는 건강이 어떠시니?
   ¿Cómo ______ tu tía?

9. 그 병의 뚜껑이 열려있다.
   La tapa de ______ botella está ______.

10. 이 노트북은 누구의 것이니?
    ¿ ______ quién es ______ ordenador portátil?

B. 우리말 문장을 스페인어로 작문 하시오.

1. 그의 여자 친구는 키가 크고 착하다.

2. 그 영화는 매우 지루하다.

3. 파블로는 맥주를 마시지 않는다.

4. 너희는 언제 스페인으로 출발하니?

5. 네 생일 파티는 어디에서 열리니?

6. 많은 사람들이 공원에서 뛴다.

7. 저 학생들은 중국어를 배우지만 아직 말은 잘 못한다.

8. 우리는 자주 등산을 한다.

9. 저기 키가 큰 남학생은 아르헨티나 사람이다.

10. 마리아는 한국노래를 매우 잘 부른다.

11. 저 엄격한 선생님들이 스페인어 문법을 가르친다.

12. 그녀의 동료들이 우리 사무실을 방문한다.

13. 그 남자는 컴퓨터를 매우 잘 다룬다.

14. 그 잡지들은 책장에 있다.

15. 스펀지는 물을 잘 흡수한다.

참고어휘

동료: el/la compañero(a)	등산하다: subir a la montaña
맥주: la cerveza	스펀지: la esponja
엄격한: exigente	중국어: el (idioma) chino
지루한: aburrido(a)	착한: simpático(a)
책장: la estantería	파티: la fiesta
다루다: manejar	흡수하다: absorber

Nota

Modelo de Producción
Escrita en Español:
Nivel Básico

La lección 03

3.1. 목적대명사

3.2. 불규칙 동사들의 직설법 현재

La lección 03

3.1. 목적대명사

[직접목적대명사]

수 / 인칭	단수	복수
1	me	nos
2	te	os
3	lo (le) la	los (les) las

[간접목적대명사]

수 / 인칭	단수	복수
1	me	nos
2	te	os
3	le	les

직접목적대명사의 경우, 3인칭 남성에 한해 lo 대신 le, los 대신 les를 쓸 수 있다.

문장에서 간접목적대명사와 직접목적대명사가 동시에 출현하면서 모두 3인칭인 경우 간접목적대명사 le와 les는 se로 바꾸어 쓴다.

3.2. 불규칙 동사들의 직설법 현재

pensar (생각하다)		poder (~할 수 있다)		pedir (요구하다)	
pienso	pensamos	puedo	podemos	pido	pedimos
piensas	pensáis	puedes	podéis	pides	pedís
piensa	piensan	puede	pueden	pide	piden

saber (알다)		tener (갖다)		ir (가다)	
sé	sabemos	tengo	tenemos	voy	vamos
sabes	sabéis	tienes	tenéis	vas	vais
sabe	saben	tiene	tienen	va	van

conocer: conozco, conoces, conoce, conocemos, conocéis, conocen

dar: doy, das, da, damos, dais, dan

decir: digo, dices, dice, decimos, decís, dicen

hacer: hago, haces, hace, hacemos, hacéis, hacen

jugar: juego, juegas, juega, jugamos, jugáis, juegan

poner: pongo, pones, pone, ponemos, ponéis, ponen

querer: quiero, quieres, quiere, queremos, queréis, quieren

salir: salgo, sales, sale, salimos, salís, salen

venir: vengo, vienes, viene, venimos, venís, vienen

ver: veo, ves, ve, vemos, veis, ven

EX 3.1.

[문항]

뭐 좀 마실래? / 미안해. 지금 시간이 없어.

[작문]

¿Quieres tomar algo? / Lo siento. Ahora no tengo tiempo.

[해설]

1인칭 현재에서 어간 모음이 e > ie로 변하는 불규칙 변화형의 예이다. querer는 동사원형을 취할 때 전치사가 개입되지 않는다.

tener 역시 불규칙한 변화형을 갖는다. "시간이 있다/ 없다"는 표현은 목적어로 tiempo를 사용한다.

[응용표현]

▶ 그는 흰 구두보다 검은 구두를 더 좋아한다.
Prefiere los zapatos negros a los blancos.

▶ 너는 수업에 어떻게 오니? / 버스를 타고 와.
¿Cómo vienes a la clase? / Vengo en autobús.

EX 3.2.

[문항]

오늘 오후에 뭐 할 거니? / 도서관에 갈 생각이야.

[작문]

¿Qué vas a hacer esta tarde? / Pienso ir a la biblioteca.

[해설]

『ir a +동사원형』은 "~하러 가다' 혹은 "~할 예정이다"라는 의미이다. 『pensar+동사원형』은 "~할 생각이다, ~하기로 결심했다"라는 표현이다.

[응용표현]

▶ 비행기는 한 시간 이내에 떠날 예정이다.
El avión va a salir dentro de una hora.

▶ 그녀는 노트북을 하나 살 생각이다.
Ella piensa comprar un ordenador portátil.

EX 3.3.

[문항]

그가 어디 출신인지 알고 있니? / 응. 콜롬비아 사람이야.

[작문]

¿Sabes de dónde es él? / Sí, es colombiano.

[해설]

saber는 1인칭만 불규칙하게 변화하는 동사로서 "(사실을) 알다"는 의미를 표현하기 위해 사용된다. saber는 절을 목적어로 취할 수 있다. 따라서 "그는 어디 출신입니까?"라는 의미의 ¿De dónde es él?이 saber의 목적어가 된 것이다. saber는 동사원형을 목적어로 취해 "~을 할 줄 안다"는 의미를 표현하기도 한다. 유사한 의미인 conocer는 "(사람을) 알다" 또는 "(장소 등을) 가 본 적이 있다' 등을 표현할 때 사용된다.

[응용표현]

▶ 그녀는 피아노를 칠 줄 모른다.
Ella no sabe tocar el piano.

▶ 우리는 마리아를 잘 안다.
Conocemos bien a María.

▶ 나는 바르셀로나를 가 본 적이 있다.
Conozco Barcelona.

EX 3.4.

[문항]

뉴욕 행 비행기는 몇 시에 떠나나요?

[작문]

¿A qué hora sale el avión para Nueva York?

[해설]

"(비행기 등이) 출발하다"는 동사 salir를 사용하여 표현할 수 있다. salir는 목적어를 필요로 하지 않는 자동사로서 행선지의 표현은 전치사 para를 사용한다.

[응용표현]

▶ 너희들은 몇 시에 집에서 나오니?
¿A qué hora salís de casa?

▶ 그녀는 꽃병을 그의 책상 위에 놓고 방에서 나온다.
Ella pone el florero sobre su mesa y sale del cuarto.

EX 3.5.

[문항]

퇴근 후에 뭐 하시나요? / 친구들과 테니스를 칩니다.

[작문]

¿Qué hace Ud. después de salir del trabajo? / Juego al tenis con mis amigos.

[해설]

1인칭 단수에서 불규칙 변화형을 갖는 동사인 hacer의 3인칭 변화형을 사용한 문장으로, "~하다"의 대상이 되는 직접목적어가 의문사 qué로 표현된 의문문이다.
jugar는 어간 모음이 u → ue로 변하는 불규칙 동사이다. 놀이의 대상이 되는 '운동(게임) 종목'은 전치사 a를 사용하여 『jugar a +운동(게임) 종목』의 구조로 표현한다.

[응용표현]

▶ 나는 저녁 먹기 전에 숙제를 한다.
Hago los deberes antes de cenar.

▶ 우리는 주말마다 야구를 합니다.
Jugamos al béisbol todos los fines de semana.

EX 3.6.

[문항]

나는 매일 체육관에 간다.

[작문]

Voy al gimnasio todos los días.

[해설]

ir는 목적어를 필요로 하지 않는 자동사로서, 방향성은 전치사 a를 통해 나타낸다. todos los días는 "매일"이라는 뜻이며, 단수인 todo el día는 "하루 종일"의 의미이다.

[응용표현]

▶ 우리 수영장에 갈까?
¿Vamos a la piscina?

▶ 그들은 일요일마다 영화관에 간다.
Ellos van al cine todos los domingos.

EX 3.7.

[문항]
제게 가격을 말씀해 주실 수 있나요?

[작문]
¿Me puede decir el precio, por favor?

[해설]
"~할 수 있다"는 의미는 poder를 조동사로 사용하며 동사원형과 함께 표현한다. 이 때 목적대명사는 puede 앞에 놓일 수도 있고 동사원형 뒤에 붙여 쓸 수도 있다.
decir는 타동사로서 el precio, 즉 "가격"을 직접목적어로 취할 수 있으나, hablar는 유사한 의미이지만 자동사이므로 이 경우에는 쓰일 수 없다.

[응용표현]
- 내게 네 필기 좀 빌려줄 수 있니? / 지금은 네게 그것을 빌려줄 수 없어.
  ¿Puedes prestarme tus apuntes? / Ahora no puedo prestártelos.
- 그들은 네게 무엇을 요구하니?
  ¿Qué te piden ellos?

EX 3.8.

[문항]
나는 그녀에게 가끔 전화를 한다.

[작문]
A veces la llamo por teléfono.

[해설]
"(~에게) 전화하다"는 동사는 llamar('부르다')를 사용하며, llamar por teléfono로 표현한다. 이때 해석상으로는 "~에게 전화하다"이지만 llamar는 직접목적어를 요구하는 동사라는 점에 주의해야 한다. 직접목적대명사는 인칭 변화한 llamo의 앞에 위치한다.

[응용표현]
- 내 동생은 그 유명한 여배우를 알고 있지만 나는 그녀를 모른다.
  Mi hermano conoce a esa actriz famosa. Pero yo no la conozco.
- 나는 그녀를 저녁 식사에 초대한다.
  La invito a la cena.

EX 3.9.

[문항]
그녀는 내게 생일 선물로 디지털 카메라를 선물한다.

[작문]
Ella me regala una cámara digital por mi cumpleaños.

[해설]
간접목적어인 "나에게"는 me로 표현한다. "내 생일 선물로"는 "나의 생일을 위해"로 해석되므로 por mi cumpleaños로 표현된다.

[응용표현]
▶ 그녀는 내게 사진을 보여준다.
Ella me enseña las fotos.

▶ 네게 아이스크림 줄까?
¿Te doy un helado?

EX 3.10.

[문항]
네가 헤수스에게 편지를 전해주는 게 어때? / 나는 그것을 그에게 전해줄 수 없어.

[작문]
¿Por qué no le entregas la carta a Jesús? / No se la puedo entregar.
(= No puedo entregársela.)

[해설]
"~하는 게 어때?"라는 제안의 표현은 ¿Por qué no ~? 구문을 사용한다. "건네주다"는 의미의 동사 entregar는 간접목적어와 직접목적어를 모두 필요로 하는 동사이다. 두 번째 문장의 경우, 두 목적어가 모두 3인칭 목적대명사로 표시되었으므로 간접목적대명사 le가 se로 변화된 것이다. 두 대명사의 출현어순은 「간접목적대명사 + 직접목적대명사」로 인칭 변화한 동사 puedo의 앞에 위치할 수도 있고, 동사원형 entregar의 뒤에 놓일 수도 있다. 간접목적대명사와 직접목적대명사가 동사원형 뒤에 위치하는 경우에는 동사원형의 강세 위치가 유지될 수 있도록 강세를 표시해야 한다.

[응용표현]
▶ 너는 카를로스에게 넥타이를 선물할 거니? / 응, 그에게 그것을 선물할 거야.
¿Le vas a regalar una corbata a Carlos? / Sí, voy a regalársela.

연습문제

A. 우리말 문장에 따라 빈칸을 채우시오.

1. 나는 내일 떠날 생각이다.
   ________ salir mañana.
2. 너희들은 오는 일요일에 뭐할 예정이니?
   ¿Qué ________ a hacer el próximo domingo?
3. 나는 부모님께 이 케이크를 가지고 간다.
   Les ________ este pastel a mis padres
4. 나는 그녀에게 용서를 구한다.
   Le ________ perdón a ella.
5. 너 그 여가수 아니? / 아니, 나는 그녀를 몰라.
   ¿________ a esa cantante? / No, no ________.
6. 저를 도와주실 수 있습니까?
   ¿________ Ud. ayudarme?
7. 그녀가 네게 그것을 허락할까?
   ¿________ permite ella?
8. 나는 그에게 그것을 가져간다.
   ________ llevo a él.
9. 나는 그녀를 만나러 왔습니다.
   ________ a ver ________.
10. 우리 내일 테니스하자.
    ________ al tenis mañana.

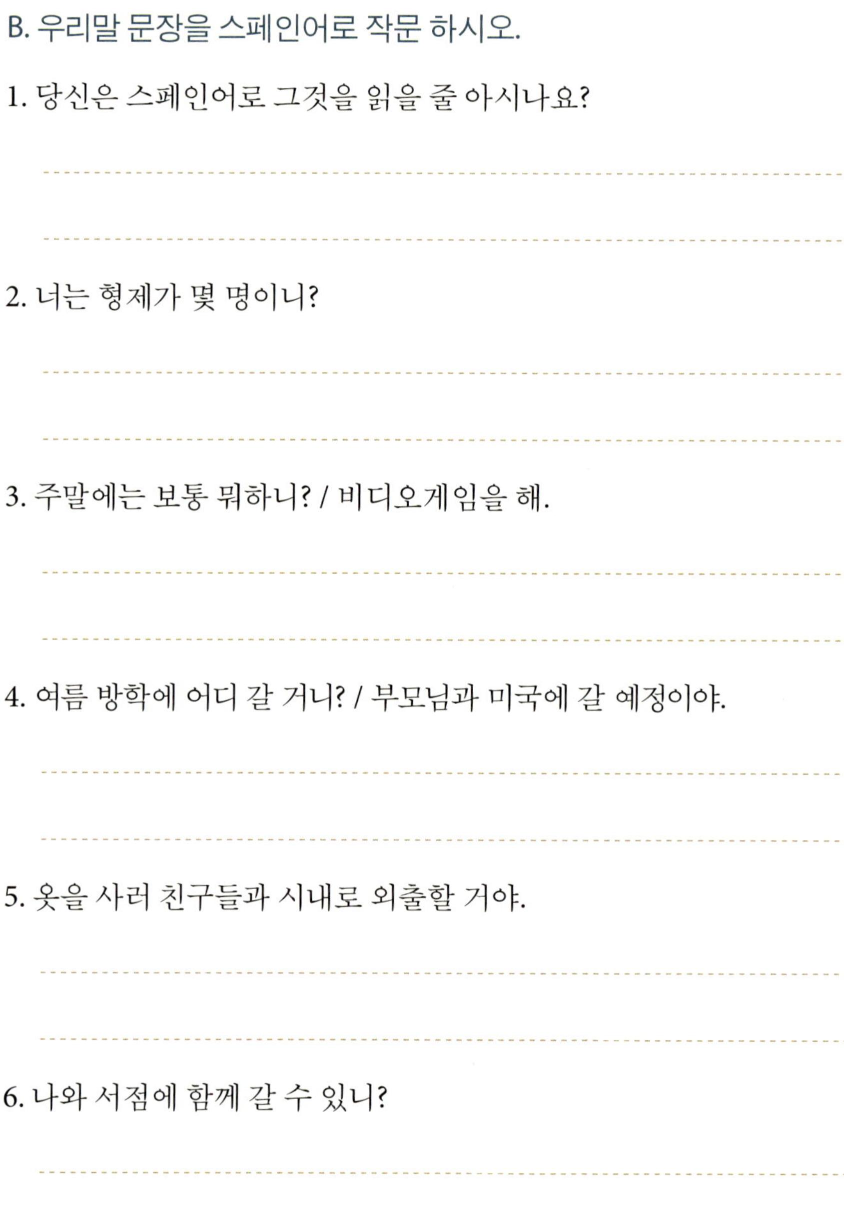

B. 우리말 문장을 스페인어로 작문 하시오.

1. 당신은 스페인어로 그것을 읽을 줄 아시나요?

2. 너는 형제가 몇 명이니?

3. 주말에는 보통 뭐하니? / 비디오게임을 해.

4. 여름 방학에 어디 갈 거니? / 부모님과 미국에 갈 예정이야.

5. 옷을 사러 친구들과 시내로 외출할 거야.

6. 나와 서점에 함께 갈 수 있니?

7. 이레네(Irene)는 나에게 그를 소개시켜 줄 거야.

8. 비행기로 가서 배를 타고 돌아오고 싶어요.

9. 너는 이사벨(Isabel)에게 이 귀걸이를 선물할 거니? /
응. 그녀에게 그것을 선물할 거야.

10. 수위가 그에게 열쇠를 돌려주나요? /
아니오. 제가 돌려줄 거예요.

11. 수업이 끝난 후 모두 저녁을 먹기 위해 집으로 돌아간다.

12. 나는 그들에게 진실만을 말한다.

13. 너희들을 내 생일 파티에 초대하고 싶어.

14. 콘서트는 정오에 시작한다.

15. 네 말이 잘 안 들려. 좀 크게 말해줄래?

참고어휘

귀걸이: los pendientes, los aretes	미국: los Estados Unidos
비디오 게임: el videojuego	서점: la librería
수위: el/la portero(a), el/la conserje	열쇠: la llave
진실: la verdad	콘서트: el concierto

Nota

Modelo de Producción Escrita en Español: Nivel Básico

La lección 04

4.1. 전치격 인칭대명사

4.2. hay

4.3. 재귀대명사

La lección 04

4.1. 전치격 인칭대명사

인칭대명사가 전치사 (a, de, con, por, para 등)와 함께 쓰이는 경우 아래와 같은 형태를 갖는다. 전치사 con과 함께 사용될 때는 1, 2인칭 단수에서 각각 conmigo와 contigo의 형태가 된다.

인칭 \ 수	단수	복수
1	mí	nosotros / nosotras
2	ti	vosotros / vosotras
3	él ella Ud.	ellos ellas Uds.

4.2. hay

hay는 haber의 3인칭 단수 변이형으로서 '존재 유무'를 나타낸다. 일반적으로 특정적 의미를 갖는 정관사를 동반하는 명사나 고유명사 등은 이 동사의 목적어로 나타날 수 없다.

Hay	un libro. alguna farmacia. pan. flores. unas / muchas / varias personas.

4.3. 재귀대명사

인칭 \ 수	단수	복수
1	me (a mí)	nos (a nosotros)
2	te (a ti)	os (a vosotros)
3	se (a sí)	se (a sí)

EX 4.1.

[문항]

나는 그녀를 좋아해. / 너는 누구를 좋아하니?

[작문]

La quiero a ella. / ¿A quién quieres?

[해설]

타동사의 목적어가 '특정한 사람'이면 그 앞에 전치사 a를 붙인다. 직접목적대명사(la)와 전치격 인칭대명사(a ella)는 중복형으로 함께 쓰일 수 있다. 그러나 직접목적어가 인칭대명사가 아닌 일반명사나 고유명사인 경우에는 중복형으로 쓸 수 없다.

목적대명사가 사용된 경우에 전치격은 생략될 수 있으나, 목적대명사 없이 전치격만 사용될 수는 없다.

[응용표현]

▶ 당신을 알게 되어 기쁩니다.
Encantado de conocerle a Ud.
(= Encantado de conocerle. / **Encantado de conocer a Ud.*)

▶ 나는 후안을 부른다.
Llamo a Juan. (= Lo llamo. / **Lo llamo a Juan.*)

EX 4.2.

[문항]

나에게는 스페인어로 말하는 것이 쉽다.

[작문]

Hablar en español es fácil para mí.

[해설]

동사원형이 주어로 사용된 경우로서 3인칭 단수로 취급된다. "나에게는"은 『para + 인칭대명사』로 표현되며, 인칭대명사는 전치격 형태가 된다.

3인칭 주어가 '자기 자신을'을 표현할 때 전치격 인칭대명사의 형태는 『전치사 + sí』가 된다.

[응용표현]

▶ 나는 항상 너만을 생각한다.
Siempre pienso solo en ti.

▶ 그는 자기 자신을 위해 일한다.
Él trabaja para sí.

EX 4.3.

[문항]

그녀는 나에게 화가 나있다.

[작문]

Ella está enfadada conmigo.

[해설]

'(일시적인) 상태'를 나타낼 때는 estar를 사용한다. estar의 보어로 사용되는 형용사는 주어의 성과 수에 일치해야 한다.

"(~에게) 화가 난"이라는 표현은 『enfadado(a) + con ~』이 사용된다. 전치사 con이 1, 2인칭 단수 인칭대명사와 함께 사용될 때는 conmigo, contigo가 된다. 3인칭 주어가 "자신이 직접 (~을 하다)"라는 강조의 표현을 할 때는 consigo가 된다.

[응용표현]

- 우리는 너와 함께 극장에 가고 싶다.
  Queremos ir al cine contigo.
- 마리아는 가방을 손수 가져간다.
  María lleva la maleta consigo.

EX 4.4.

[문항]

이 주변에 버스 정류장이 있나요? / 네, 이 길 끝에, 오른쪽으로 있어요.

[작문]

¿Hay una parada de autobús por aquí? / Sí, al final de esta calle, a la derecha.

[해설]

estar는 '위치'를 나타내는 동사이며, hay는 '존재'를 나타내는 동사이다. hay와 함께 사용되는 명사는 직접목적어이며, 해당 명사구는 비 특정적 의미를 갖는다. 따라서 정관사를 동반한 명사나 고유명사는 목적어로 사용될 수 없다. 부정관사, 수량 형용사, 무관사 명사, 복수 명사 등은 목적어로 가능하다.

[응용표현]

- 의자들은 주방에 있다.
  Las sillas están en la cocina.
- 사무실에는 두 대의 컴퓨터가 있다.
  En la oficina hay dos ordenadores.

EX 4.5.

[문항]

너와 나 사이에는 많은 문제가 있다.

[작문]

Hay muchos problemas entre tú y yo.

[해설]

『전치사 + 인칭대명사』의 구조에서는 인칭대명사는 전치격의 형태로 변화하는데, 전치사 중에는 예외적으로 주격인칭대명사 형태를 그대로 이끄는 것들이 있다. 이러한 전치사가 entre, excepto, según, salvo, menos등이다.

[응용표현]

▶ 그녀에 따르면, 이 영화는 매우 훌륭하다.
Según ella, esta película es muy buena.

▶ 그를 빼고, 우리 모두는 해변에 가고 싶어 한다.
Todos queremos ir a la playa menos él.

EX 4.6.

[문항]

이 방에 누군가 있나요?

[작문]

¿Hay alguien en esta habitación?

[해설]

hay의 목적어는 비특정적 의미를 갖는 algo, nada, alguien, nadie, alguno, ninguno 등도 사용될 수 있다.

[응용표현]

▶ 냉장고에 뭐라도 있나요?
¿Hay algo en el frigorífico?

▶ 방안에는 아무 것도 없다.
No hay nada en la habitación.

EX 4.7.

[문항]

건강을 유지하기 위해서는 운동을 해야만 한다.

[작문]

Para estar en forma hay que hacer ejercicio.

[해설]

'의무'의 표현을 위해서는 『hay que + 동사원형』의 구조를 사용한다. 이 표현은 비인칭으로 사용되어 누구나 해야 하는 일을 표현한다.

유사한 표현으로 '의무'를 나타내는 『deber + 동사원형』, '필요'를 나타내는 『tener que + 동사원형~』 표현이 있는데, 이 구조에서 동사는 인칭 주어에 따라 변화된다.

[응용표현]

▶ 너는 선생님께 지금 당장 전화해야만 해.
Debes llamar por teléfono al profesor ahora mismo.

▶ 나는 월요일까지 숙제를 끝내야만 한다.
Tengo que terminar la tarea para el lunes.

EX 4.8.

[문항]

우리는 주말마다 늦게 잠자리에 든다.

[작문]

Los fines de semana nos acostamos tarde.

[해설]

acostar는 어간모음이 o → ue로 변화하는 불규칙 동사로써 "(~를) 잠자리에 들게 하다"는 의미이다. 주어 자신이 "잠자리에 들다"라는 표현을 위해서는 재귀대명사 se가 함께 사용된다. "주말에"의 표현은 el fin de semana로, "주말마다"의 표현은 복수형인 los fines de semana로 표현한다.

[응용표현]

▶ 너희들은 매우 일찍 일어난다.
Os levantáis muy temprano.

▶ 나는 찬물로 샤워한다.
Me ducho con agua fría.

EX 4.9.

[문항]
나는 오늘 오후 내내 집에 머무를 예정이다.

[작문]
Hoy voy a quedarme en casa toda la tarde.

[해설]
"(~에) 머무르다"라는 표현은 재귀동사 quedarse를 사용한다. 재귀대명사도 해당 동사의 인칭 변화에 따라 변화해야 하므로 1인칭 단수 주어에 따라 재귀동사가 quedarme가 된 것이다. "~할 예정이다"의 표현은 『ir a + 동사원형』의 구조로 나타낸다.

[응용표현]
▶ 그녀는 다음 주에 페드로와 결혼한다.
Ella se casa con Pedro la semana que viene.

▶ 너는 여기 앉을 수 있다.
Puedes sentarte aquí.

EX 4.10.

[문항]
그들은 식사 전에 손을 씻는다.

[작문]
Ellos se lavan las manos antes de comer.

[해설]
lavar는 타동사로 "(~을) 씻다, 닦다"는 의미이며, "자신을 씻다"라는 표현을 위해서는 재귀대명사와 함께 사용된다. 주어가 "자신의 신체 부위를 씻다"는 표현을 위해서 '신체 부위'에 해당하는 직접목적어를 취할 수 있다. 이때 해당 '신체 부위'는 소유형용사가 아닌 정관사와 함께 사용된다.

[응용표현]
▶ 그녀는 (자신의) 손톱을 칠한다.
Ella se pinta las uñas.

▶ 나는 안경을 쓴다.
Me pongo las gafas.

연습문제

A. 우리말 문장에 따라 빈칸을 채우시오.

1. 네게 필요한 것은 집중하는 것이야.
   Para ______ es necesario concentrarte.

2. 이 교실에 파코(Paco)라는 학생 있습니까?
   ¿______ un tal Paco en esta clase?

3. 너를 제외하고는 모두 비정상이다.
   Todos son anormales, excepto ______.

4. 나머지 삶을 너와 함께 보내고 싶어.
   Quiero pasar ______ el resto de mi vida.

5. 너희들은 내일 학교에 오지 않아도 된다.
   No ______ que venir a la escuela mañana.

6. 나의 부모님께서는 늘 아침 일찍 깨신다.
   Mis padres siempre ______ muy temprano por la mañana.

7. 문 밖에 누가 있는 것 같아.
   Parece que ______ alguien fuera de la puerta.

8. 우리는 코트를 입을 것이다.
   Nosotros vamos a ______ el abrigo.

9. 그들은 나를 반갑게 맞아 준다.
   Ellos ______ reciben a ______ con afecto.

10. 우리는 자기 전에 손과 발을 잘 씻어야 합니다.
    ______ que ______ bien ______ manos y ______ pies antes de dormir.

B. 우리말 문장을 스페인어로 작문 하시오.

1. 나는 내일 새벽에 일찍 일어나기 위해, 지금 잠자리에 들어야만 한다.

2. 너와 나 사이에는 비밀이 있어서는 안 된다.

3. 그들은 아침마다 면도를 한다.

4. 강아지는 매일 아침 자기 주인을 깨운다.

5. 그는 항상 찬물로 세수를 한다.

6. 나는 매일 아침 머리를 감는다.

7. 나는 샤워하기 전에 양치질을 한다.

8. 극장에 관객들이 많이 있다.

9. 가까운 곳에 경찰서가 있나요? /

아니오. 이 근처에는 없습니다.

10. 제 시간에 도착하기 위해서는 당신은 지하철을 타야만 합니다.

11. 그들은 나의 차를 닦는다.

12. 나와 함께 쇼핑하러 가지 않을래?

13. 너 없이는 살 수 있어도, 그녀 없이는 못 살아.

14. 그녀는 아이들을 재운다.

15. 기내에서는 금연이고 큰 소리로 떠들지 말아야 합니다.

참고어휘

가까이: cerca
머리카락: el pelo
의심: la duda
주인: el dueño
(교통수단을) 타다: tomar
경찰서: la comisaría
면도하다: afeitarse
제시간에: a tiempo
지하철: el metro
관객: espectador
비밀: el secreto
존재하다: existir

Nota

Modelo de Producción
Escrita en Español:
Nivel Básico

La lección 05

La lección 05

5.1. 기수

0 cero		
1 uno	2 dos	3 tres
4 cuatro	5 cinco	6 seis
7 siete	8 ocho	9 nueve
10 diez	11 once	12 doce
13 trece	14 catorce	15 quince
16 dieciséis	17 diecisiete	18 dieciocho
19 diecinueve	20 veinte	21 veintiuno
22 veintidós	23 veintitrés	24 veinticuatro
25 veinticinco	26 veintiséis	27 veintisiete
28 veintiocho	29 veintinueve	30 treinta
40 cuarenta	50 cincuenta	60 sesenta
70 setenta	80 ochenta	90 noventa

100 cien

200 doscientos

300 trescientos

400 cuatrocientos

500 quinientos

600 seiscientos

700 setecientos

800 ochocientos

900 novecientos

1.000 mil

10.000 diez mil

100.000 cien mil

[.....]

백만 un millón

천만 diez millones

일억 cien millones

십억 mil millones

백억 diez mil millones

천억 cien mil millones

일조 un billón

5.2. 서수

첫 번째 primero,-a(s)

두 번째 segundo,-a(s)

세 번째 tercero,-a(s)

네 번째 cuarto,-a(s)

다섯 번째 quinto,-a(s)

여섯 번째 sexto,-a(s)

일곱 번째 séptimo,-a(s)

여덟 번째 octavo,-a(s)

아홉 번째 noveno,-a(s)

열 번째 décimo,-a(s)

5.3. 월

enero, febrero, marzo, abril, mayo, junio, julio, agosto, septiembre, octubre, noviembre, diciembre

EX 5.1.

[문항]
호세는 16대의 자동차를 소유하고 있다.

[작문]
José posee dieciséis coches.

[해설]
16~29까지는 연음에 의해 주로 단일 단어로 쓴다. dieciséis처럼 -s로 끝나는 숫자들에는 강세를 표시한다. veintidós, veintitrés, veintiséis 등도 마찬가지이다.
30 이상의 숫자에서는 십 단위와 단 단위를 y로 연결한다.

[응용표현]
▶ 낙제생은 총 22명이다.
Los reprobados son veintidós en total.

▶ 위원회는 18명의 멤버로 구성되어 있다.
El comité consiste en dieciocho miembros.

EX 5.2.

[문항]
그녀는 21권의 책을 산다.

[작문]
Ella compra veintiún libros.

[해설]
uno가 남성명사 앞에서 -o가 탈락하듯이 21, 31, 41 등에서도 어미가 탈락한다.

[응용표현]
▶ 그 교실에는 41명의 여학생들이 있다.
Hay cuarenta y una alumnas en esa clase.

▶ 그는 이번 주에 51대의 냉장고를 팔았다.
Él ha vendido cincuenta y un frigoríficos esta semana.

EX 5.3.

[문항]
그 클럽은 백 명의 회원을 가지고 있다.

[작문]
Ese club tiene cien socios.

[해설]
100은 읽고 쓸 때나 남·여성 명사 앞, 자신보다 큰 수(mil, millón 등) 앞에서는 cien이 된다. 자신보다 작은 수 앞에서는 ciento가 된다.

[응용표현]
- 이 대회에 101명의 여자 육상선수들이 참가할 예정이다.
  Ciento una atletas van a participar en esta competición.
- 그녀는 1년에 약 십만 유로를 번다.
  Ella gana unos cien mil euros al año.

EX 5.4.

[문항]
우리 학교에는 7백 명의 남학생들과 5백 명의 여학생들이 있다.

[작문]
Hay setecientos alumnos y quinientas alumnas en nuestra escuela.

[해설]
200~900 숫자 중 100 단위 수는 수식하는 명사의 성에 일치시킨다.

[응용표현]
- 470명이 콘서트 티켓을 사기 위해 줄을 선다.
  Cuatrocientas setenta personas hacen cola para comprar la entrada del concierto.
- 980명의 군인들이 그 작전에 참가한다.
  Novecientos ochenta soldados participan en esa operación.

EX 5.5.

[문항]
천 명의 무희들이 광장에서 동시에 춤을 춘다.

[작문]
Mil bailarinas bailan en la plaza al mismo tiempo.

[해설]
"천"은 형용사적으로 쓰여 un mil이 아니라 mil로 쓰인다. "수 천 명의 ~"는 『miles de ~』로 표현한다. 천 단위를 표시할 때, 우리나라에서는 coma (,)를 사용하지만 스페인어 권에서는 punto (.)를 사용한다. 반대로, 소수점의 경우에는 punto (.) 대신 coma (,)를 사용한다.

[응용표현]
▶ 2천 명의 사람들이 해변에서 일광욕을 하고 있다.
Dos mil personas toman el sol en la playa.

▶ 수 천 명의 소방관들이 화재를 예방하기 위해 노력하고 있다.
Miles de bomberos se esfuerzan por prevenir incendios.

EX 5.6.

[문항]
나는 은행에 백만 유로의 대출을 요청한다.

[작문]
Pido prestado un millón de euros al banco.

[해설]
"백만"은 명사이므로 un millón으로 쓰고 뒤에 명사가 올 경우 de를 붙인다. 그러나 뒤에 숫자가 더 나오는 경우에는 형용사적으로 쓰인 것이므로 de를 붙이지 않는다.
pedir prestado의 prestado는 목적 보어로 직접목적어인 un millón de euros와 성과 수의 일치를 보인다.

[응용표현]
▶ 그의 뇌물 총액은 백십만 유로가 넘는다.
La suma de su soborno supera un millón cien mil euros.

▶ 서울의 주민은 약 천만 명이다.
Seúl tiene unos diez millones de habitantes.

EX 5.7.

[문항]

스페인의 국왕은 펠리페 6세이다.

[작문]

El rey de España es don Felipe VI.

[해설]

"첫 번째, 두 번째" 등처럼 순서를 나타내는 경우에는 서수를 쓴다. "열한 번째"부터는 기수가 서수를 대신하기도 하지만, 반드시 서수를 써야 하는 경우가 있으므로 익혀두는 것이 좋다.

[응용표현]

- 이 책은 제 2차 세계대전을 다루고 있다.
  Este libro trata de la Segunda Guerra Mundial.
- 내일은 나의 19번째 생일이다.
  Mañana es mi decimonoveno cumpleaños.

EX 5.8.

[문항]

몇 시니? / 오후 3시 반이야.

[작문]

¿Qué hora es? / Son las tres y media de la tarde.

[해설]

시간을 표현하는 경우 ser동사는 보어에 일치되어 2시 대 이상에서는 복수가 된다. "15분"은 cuarto, "30분"은 media로 표현한다. 30분 이상은 보통 큰 시간에서 해당 분만큼 뺀다. "오전(에)", "오후(에)", "밤(에)"라고 할 때 구체적인 시간과 함께 쓰면 de la mañana, de la tarde, de la noche가 되고, 구체적인 시간이 언급되지 않을 경우에는 por la mañana, por la tarde, por la noche가 된다. "~시에"라고 표현할 때는 전치사 a를 쓴다.

[응용표현]

- 오후 4시 15분이다.
  Son las cuatro y cuarto de la tarde.
- 오전 6시 45분이다
  Son las siete menos cuarto de la mañana.

EX 5.9.

[문항]
오늘은 무슨 요일이니? / 오늘은 화요일이야.

[작문]
¿Qué día es hoy? / Hoy es martes.

[해설]
요일 명은 ser 동사의 보어로 쓰이는 경우 관사를 동반하지 않는다. 부사구로 쓰이는 경우에는 전치사 없이 관사만 쓴다.

[응용표현]
- 금요일은 내가 가장 좋아하는 요일이다.
  Mi día favorito es viernes.
- 우리는 토요일에는 수업이 없다.
  El sábado no tenemos clase.

EX 5.10.

[문항]
오늘은 며칠입니까? / 4월 5일입니다.

[작문]
¿Qué fecha es hoy? / Hoy es 5 de abril.

[해설]
일반적인 경우에는 관사를 생략하지만 특정 날짜를 지칭할 때는 관사를 쓴다.
부사구로 쓰이는 경우 전치사 없이 관사만 쓴다.

[응용표현]
- 한국의 어버이날은 5월 8일이다.
  El Día de los Padres en Corea es el 8 de mayo.
- 그들은 11월 27일에 돌아올 것이다.
  Ellos van a volver el 27 de noviembre.

연습문제

A. 우리말 문장에 따라 빈 칸을 채우시오. (숫자도 스페인어로)

1. 축제에는 23마리의 투우들이 필요하다.
   Necesitan ________ toros en la fiesta.
2. 내 동생은 만화영화 '101마리 달마티안'을 본다.
   Mi hermano menor ve el dibujo animado '________ Dálmatas'.
3. 마라톤에 만 명의 시민들이 참가한다.
   ________ ciudadanos participan en el maratón.
4. 326명의 여배우들이 서류에 서명한다.
   ________ actrices firman el documento.
5. 수 백 명의 트럭 운전사들이 정부의 결정에 항의한다.
   ________ de conductores de camión protestan contra la decisión del gobierno.
6. 하나의 핵폭탄은 수 백 만 명을 죽일 수 있다.
   Una bomba atómica puede matar a ________ personas.
7. 언젠가 3차 세계 대전이 일어날 수도 있다.
   Algún día puede ocurrir la ________ Guerra Mundial.
8. 새벽 3시 40분 경 누군가가 문을 두드린다.
   Alguien llama a la puerta a eso de ________ de la madrugada.

9. 수요일을 왜 X로 표시하는지 아십니까?
¿Sabe Ud. por qué marcan ________ con X?

10. 10월 12일은 '신대륙 발견의 날' (일명 '콜럼버스의 날')이다.
________ es el Día del Descubrimiento.

B. 우리말 문장을 스페인어로 작문 하시오.

1. 지금 몇 시니? / 10시 15분이야.

2. 회의는 오전 8시 반에 열린다.

3. 내일 밤에 네게 전화할게.

4. 백여 마리의 말들이 들판에서 풀을 뜯어먹고 있다.

5. 기차는 9시 정각에 서울역에 도착한다.

6. 나는 다섯 번째 노래가 가장 마음에 든다.

7. 나는 화요일에 수업이 많아.

8. 오늘이 무슨 요일이니? / 목요일이야.

9. 361명의 여학생들이 회의에 참석할 예정이다.

10. 한국에서 어린이날은 5월 5일이다.

11. 그들은 6월 29일에 돌아올 것이다.

12. 우리 다음 주 일요일에 어디 갈까?

13. 그 공원에는 수 천 그루의 나무들이 있다.

14. 10억 원을 저축하려면 몇 년이 걸립니까?

15. 세계 인구는 몇 명입니까? /

정확히는 모르겠지만, 60억 명은 넘는 것으로 알고 있습니다.

참고어휘

(시간이) 걸리다: tardar
인구: la población
정확하게: exactamente
풀을 뜯어먹다: pastar
공원: el parque
저축하다: ahorrar
참석하다: asistir a, participar en

Nota

Modelo de Producción Escrita en Español: Nivel Básico

La lección 06

La lección 06

6.1. 의문사

qué	cuál	quién	cuánto
cuándo	dónde	cómo	por qué

6.2. 계절

계절

primavera, verano, otoño, invierno

6.3. 날씨

날씨를 표현할 때는 비인칭 표현으로 3인칭 단수만을 사용하며, 일반적으로 『hace + 명사』의 구조가 쓰인다. “비가 오다”와 “눈이 오다”의 표현은 각각 동사 llover와 nevar가 사용된다. 이 외에도 ser, estar, hay 등을 이용하여 날씨를 표현할 수 있다.

Hace	calor. frío. fresco. sol. viento. buen / mal tiempo.

EX 6.1.

[문항]

당신은 어떤 언어를 할 줄 아십니까?

[작문]

¿Qué idiomas sabe Ud. hablar?

[해설]

qué는 의문대명사와 의문형용사로 쓰이며, 성·수 변화를 하지 않는다. 의문 대상에 대한 '정보'나 '의미'를 알고자 할 때 쓰인다. "왜"라는 의미의 의문부사 por qué는 성·수 변화를 하지 않는다. 그러나 접속사로 쓰이는 경우는 붙여 쓴다(porque).

[응용표현]

▶ 무엇을 원하십니까?
¿Qué quiere Ud.?

▶ 너는 왜 그렇게 큰 소리로 신문을 읽니?
¿Por qué lees el periódico en voz tan alta?

EX 6.2.

[문항]

이 차들 중 어느 것을 더 좋아하니? 빨간 차 아니면 검은 차?

[작문]

¿Cuál de estos coches prefieres, el rojo o el negro?

[해설]

cuál은 의문대명사로서 '선택'을 요구할 때 쓰인다. 의문형용사로는 쓰이지 않고 수 변화만 한다. cuál은 주로 대명사로만 쓰이므로, 『qué + 명사』 형태로 이를 대신할 수 있다.

[응용표현]

▶ 네 이름이 뭐니?
¿Cuál es tu nombre?

▶ 너는 어떤 목도리를 더 좋아하니, 빨간 것 아니면 흰 것?
¿Qué bufanda prefieres, la roja o la blanca?

EX 6.3.

[문항]
그는 누구입니까?

[작문]
¿Quién es él?

[해설]
quién은 의문대명사로 수 변화만 한다.

[응용표현]
- 누구십니까? (전화 대화 시)
  ¿Con quién hablo?
- 이 배낭은 누구의 것입니까?
  ¿De quién es esta mochila?

EX 6.4.

[문항]
얼마입니까?

[작문]
¿Cuánto es?

[해설]
cuánto는 의문대명사와 의문형용사로 모두 쓰이며, 성·수 변화를 한다. 수나 양을 모두 나타내며 qué와 함께 감탄문에서도 사용된다.

[응용표현]
- 여기 온지 얼마나 됐니?
  ¿Cuánto tiempo llevas aquí?
- 얼마나 기쁜지!
  ¡Cuánta alegría! / ¡Qué alegría!

EX 6.5.

[문항]

내가 네게 '무엇을, 언제, 어떻게, 어디서'라고 물을 때마다, 너는 항상 내게 아마, 아마, 아마라고 대답한다.

[작문]

Siempre que te pregunto 'qué, cuándo, cómo y dónde', tú siempre me respondes *quizás, quizás, quizás*.

[해설]

cuándo, dónde, cómo는 의문부사로 성·수 변화를 하지 않는다.
dónde는 전치사 a와 함께 쓰이는 경우에는 adónde 형태로 쓰인다.

[응용표현]

- 그렇게 급히 어딜 가니? / ¿Adónde vas tan deprisa?
- 이 비행기는 어디에서 오는 것인가요? / ¿De dónde viene este avión?

EX 6.6.

[문항]

한국에서 1년은 봄, 여름, 가을, 겨울 4계절로 이루어져 있다.

[작문]

Un año tiene cuatro estaciones en Corea: primavera, verano, otoño e invierno.

[해설]

계절명은 주어나 목적어로 쓰이는 경우에는 관사를 동반한다. 부사구로 쓰이는 경우, 일반적인 의미일 때는 관사를 동반하지 않으나 구체적으로 한정되는 경우에는 관사를 동반한다.

[응용표현]

- 봄은 내가 좋아하는 계절이다.
  La primavera es mi estación favorita.
- 우리는 여름을 기다린다. 왜냐하면 해변에 가는 것을 좋아하기 때문이다.
  Esperamos el verano, porque nos gusta ir a la playa.
- 가을에는 나무들의 색깔이 바뀐다.
  En otoño los árboles cambian de color.
- 나는 올 겨울에 스키 타는 것을 배울 것이다.
  Voy a aprender a esquiar el invierno que viene.

EX 6.7.

[문항]
어떻게 지내십니까? / 잘 지냅니다, 감사합니다.

[작문]
¿Cómo le va? / Me va bien, gracias.

[해설]
의문부사 cómo를 활용하여 안부를 묻는 표현이다.

[응용표현]
- 어떻게 지불할까요?
  ¿Cómo le pago?
- 오늘 유로화 가격은 얼마죠? / 1유로에 1500원입니다.
  ¿A cómo está hoy el euro? / A 1500 wones.

EX 6.8.

[문항]
겨울에는 날씨가 어떻습니까? / 무척 춥습니다.

[작문]
¿Qué tiempo hace en invierno? / Hace mucho frío.

[해설]
날씨의 표현은 비인칭 표현으로 3인칭 단수 동사형을 사용한다. hacer에 해당 날씨의 명사와 함께 표현하며, 강조의 표현을 위해서는 명사를 수식하는 형용사인 mucho/a, demasiado/a 등을 사용한다. 인칭 주어가 '추위'나 '더위'를 느낄 때는 동사 tener를 사용한다.

[응용표현]
- 여름에는 숨이 막히게 덥다.
  En verano hace un calor sofocante.
- 나는 매우 덥다.
  Tengo mucho calor.

EX 6.9.

[문항]
스페인 북쪽 지역에 비가 오고 있다.

[작문]
Llueve en el norte de España.

[해설]
"비가 오다"라는 표현은 동사 llover의 3인칭 단수형을 사용하며, 날씨의 표현이 다른 동사와 함께 동사원형으로 표현될 때는 인칭 변화하는 동사를 3인칭 단수로 사용한다. 예를 들어, "내일 비가 올 것이다"는 Va a llover mañana.로 표현하여 ir동사를 3인칭 단수형으로 표현한다.

[응용표현]
- 시에라 네바다에는 눈이 많이 온다.
  Nieva mucho en Sierra Nevada.
- 남쪽에는 가랑비가 내린다.
  Llovizna en el sur.

EX 6.10.

[문항]
오늘은 날씨가 쾌적하다.

[작문]
El tiempo está agradable hoy.

[해설]
날씨를 표현할 때, hacer 이외에 ser, estar, haber 등도 쓰인다.

[응용표현]
- 하늘이 맑게 개었다.
  El cielo está despejado.
- 폭풍을 동반한 소낙비가 내린다.
  Hay chubascos con tormenta.

연습문제

A. 우리 말 문장에 따라 빈 칸을 채우시오.

1. 당신의 치수가 어떻게 됩니까?
   ¿ ______ es su talla?
2. 너는 무엇에 대해 얘기하는 거니?
   ¿De ______ me hablas?
3. 내가 얼마나 행복한지 너는 상상도 못할 거야.
   No puedes imaginar ______ feliz estoy.
4. 여름에는 비가 많이 온다.
   Llueve mucho ______.
5. 누구신지요? (전화 대화 시)
   ¿De parte de ______?
6. 사랑은 봄에 태어난다.
   El amor nace ______.
7. 잔디가 이슬에 젖어 있다.
   El césped está mojado con ______.
8. 서울에는 진눈개비가 내릴 것이다.
   Va a ______ aguanieve en Seúl.
9. 오늘은 무척 무더운 날이다.
   Hoy ______ un día muy caluroso.
10. 내일은 올해 처음으로 서리가 내릴 것이다.
    Mañana va a ______ por primera vez este año.

B. 우리 말 문장을 스페인어로 작문 하시오.

1. 인문학이란 무엇입니까?

2. 스페인의 수도는 어디입니까?

3. 그녀는 몇 살입니까?

4. 어느 책을 원하십니까?

5. 어디에 가십니까?

6. 겨울에는 구름이 끼고 눈이 많이 온다.

7. 우리는 올 가을에 멕시코에 갈 예정이다.

8. 내가 언제까지 그것을 참아야 하지?

9. 너는 어떤 잡지를 읽을 예정이니?

10. 그 문제를 어떻게 생각하십니까?

11. 저 아이들은 누구지?

12. 마요르(Mayor) 광장에 가려면 어디로 해서 갑니까?

13. 왜 그것을 내게 질문하는 거니?

14. 언제까지 제가 이 일을 마치면 됩니까?

15. 5월에는 날씨가 좋은 날이 많지만, 안개가 자주 낀다.

참고어휘

구름: la nube
인문학: las humanidades
안개: la niebla
잡지: la revista

Nota

Modelo de Producción
Escrita en Español:
Nivel Básico

La lección 07

La lección 07

7.1. 현재분사

[규칙형]

hablar: hablando	comer: comiendo	vivir: viviendo

[불규칙형]

ir: yendo	leer: leyendo	oír: oyendo
pedir: pidiendo	venir: viniendo	decir: diciendo
dormir: durmiendo	morir: muriendo	ver: viendo

7.2. 과거분사

[규칙형]

hablar: hablado	comer: comido	vivir: vivido

[불규칙형]

abrir: abierto	decir: dicho	escribir: escrito
hacer: hecho	morir: muerto	poner: puesto
ver: visto	volver: vuelto	

caer: caído	leer: leído	oír: oído

7.3. 직설법 현재완료

「haber의 현재형 + 과거분사」로 이루어진다.

he has ha hemos habéis han	과거분사 (hablado, comido, vivido)

EX 7.1.

[문항]
그녀는 과일을 먹으면서 TV를 본다.

[작문]
Ella ve la televisión comiendo frutas.

[해설]
현재분사는 "~하면서"라는 의미로 주동사와 동시에 일어나는 동작을 나타낸다.

[응용표현]
▶ 그들은 맥주를 마시면서 잡담을 한다.
Ellos charlan tomando cerveza.

▶ 그녀는 음악을 들으며 산책을 한다.
Ella pasea escuchando música.

EX 7.2.

[문항]
그들은 지금 집을 청소하고 있다.

[작문]
Ellos están limpiando la casa ahora.

[해설]
현재분사는 estar와 함께 쓰여 '현재진행'을 나타낸다.

[응용표현]
▶ 우리는 지금 그 사고에 대해 이야기하고 있다.
Estamos hablando de ese accidente ahora.

▶ 펠리페는 부엌에서 접시들을 닦고 있다.
Felipe está fregando los platos en la cocina.

EX 7.3.

[문항]
그는 그 회사에서 계속 일하고 있다.

[작문]
Él sigue trabajando en esa empresa.

[해설]
현재분사는 seguir와 함께 쓰여 '상황이나 행위의 지속 또는 진행'을 나타낸다. 이 뿐만 아니라, continuar, ir, llevar 등과 함께 쓰여도 '상황이나 행위의 지속 또는 진행'을 표현한다.

[응용표현]
- 상황은 점점 개선되어 가고 있다.
  La situación va mejorando.
- 마리사는 계속 같은 책을 읽고 있다.
  Marisa continúa leyendo el mismo libro.
- 그 소녀들은 2시간 째 잡담을 하고 있다.
  Las chicas llevan dos horas charlando.

EX 7.4.

[문항]
그녀는 프랑스어로 쓰인 잡지를 읽는다.

[작문]
Ella lee la revista escrita en francés.

[해설]
과거분사는 직접 명사를 수식하거나 주격 혹은 목적격 보어 역할을 한다. 형용사적으로 쓰인 것이므로 해당 명사와 성·수가 일치되어야 한다.

[응용표현]
- 나는 수제 가방을 하나 갖고 있다.
  Tengo un bolso hecho a mano.
- 그녀들은 녹초가 된 상태로 집에 돌아온다.
  Ellas regresan a casa agotadas.

EX 7.5.

[문항]
내 친구들은 내게 결코 그것을 말하지 않았다.

[작문]
No me lo han dicho nunca mis amigos.

[해설]
haber동사의 현재변화형과 과거분사가 함께 쓰여 '현재완료'를 나타낸다. 대체로 과거에 일어난 행위가 현재까지 영향을 미치는 경우에 사용된다. 따라서 가까운 과거를 나타낼 때, 주로 현재와 관련이 있는 부사나 부사구인 hoy, esta mañana, esta tarde, esta noche, esta semana, ya, todavía, aún, nunca 등과 함께 쓰인다. 현재완료에서 과거분사는 동사로 쓰인 것이므로 성·수 변화를 하지 않는다.

[응용표현]
- 너 오늘 호세 봤니?
  ¿Has visto a José hoy?
- 나는 그녀에게 오늘 오후에 전화를 했다.
  La he llamado por teléfono esta tarde.

EX 7.6.

[문항]
우리는 방을 하나 예약해 두었다.

[작문]
Tenemos reservada una habitación.

[해설]
『tener + 과거분사』도 완료를 나타낸다. 그러나 '현재완료'에서와는 달리, 이 경우에는 과거분사가 목적보어로 쓰인 것이므로 해당 명사와 성·수가 일치되어야 한다.

[응용표현]
- 후안은 밤 11시에 역에 도착하기로 예정되어 있다.
  Juan tiene previsto llegar a la estación a las 11 de la noche.
- 우리는 이미 신청서 내용을 기입해 두었다.
  Ya tenemos rellenada la solicitud.

EX 7.7.

[문항]

문은 그녀에 의해 닫힌다.

[작문]

La puerta es cerrada por ella.

[해설]

과거분사는 ser와 함께 쓰여 '동작 수동'을 나타낸다. 과거분사는 주어와 성과 수가 일치되어야 한다. 대체로 행위의 과정이 중시되므로 행위자가 출현한다.

[응용표현]

- 숲은 환경운동가들에 의해 보호된다.
  El bosque es protegido por los ecologistas.
- 창문은 수위에 의해 열린다.
  La ventana es abierta por el conserje.

EX 7.8.

[문항]

그 문들은 열려 있다.

[작문]

Esas puertas están abiertas.

[해설]

과거분사는 estar와 함께 쓰여 '상태 수동'을 나타낸다. 과거분사는 주어와 성과 수가 일치되어야 한다. 대체로 행위의 결과가 중시되므로 행위자가 표시되지 않는다.

[응용표현]

- 창문들은 닫혀 있다.
  Las ventanas están cerradas.
- 전화기는 부서져 있다.
  El teléfono está roto.

연습문제

A. 우리 말 문장에 따라 빈 칸을 채우시오.

1. 너 지금 뭐 생각하고 있니? / 옛날 애인 생각하고 있어.
   ¿En qué estás ________ ahora? /
   Estoy ________ en mi ex-novia.
2. 아이들은 실수를 하면서 사회를 배운다.
   Los chicos aprenden la sociedad ________ errores.
3. 경제 상황은 점점 악화되어 가고 있다고 한다.
   Dicen que la situación económica ________.
4. 나는 아직 『백 년 동안의 고독』을 못 읽었다.
   Todavía no ________ *Cien años de soledad.*
5. 너희들을 위해 테이블 하나를 예약해 두었다.
   Tengo ________ una mesa para vosotros.
6. 깨진 유리는 어린 아이들에게 매우 위험하다.
   El cristal ________ es muy peligroso para los niños.
7. 폭격으로 인해 거의 모든 집들이 파괴되어 있다.
   Casi todas las casas están ________ por el bombardeo.
8. 정부에 의해 새로운 교량이 건설될 것이다.
   El nuevo puente va a ser ________ por el gobierno.
9. 산봉우리는 1년 내내 눈으로 덮여 있다.
   El pico está ________ de nieve todo el año.

10. 오늘 그녀가 1년 만에 내게 메일을 보냈다.

Ella me ______ un e-mail en un año.

B. 우리 말 문장을 스페인어로 작문 하시오.

1. 나는 이미 편지를 3통이나 써서 갖고 있다.

2. 우리는 이미 점심을 먹었다.

3. 우리의 제안은 거절당했다.

4. 나는 아직 그 기사를 읽지 못했다.

5. 그 변호사는 오늘 아침 내게 전화를 했다.

6. 오늘 오후에 어디에 있었니?

7. 남극탐사 프로젝트는 정부에 의해 지원되었다.

8. 다리는 태풍에 의해 무너졌다.

9. 자리를 예약하셨습니까? /

네, 테레사 산체스(Teresa Sánchez)라는 이름으로 예약했습니다.

10. 그는 나에게 영어로 쓰인 문서를 가져 올 것이다.

11. 범인들은 국외로 추방되었다.

12. 우리는 스페인어를 두 달째 공부하고 있다.

13. 경제 위기가 계속 악화되고 있지만, 정부는 대책을 내놓지 못하고 있다.

14. 선생님은 교실에서 노래하고 있는 자신의 학생들을 본다.

15. 롤라(Lola)는 여우주연상을 받고 감동한다.

참고어휘

기절하다: rechazar
경제 위기: la crisis económica
남극: la Antártida
무너뜨리다: destruir
변호사: el abogado
여우주연상: el premio a la Mejor Actriz
제안: la propuesta
추방하다: expulsar
탐사: la exploración

Modelo de Producción
Escrita en Español:
Nivel Básico

La lección 08

8.1. 비교급과 최상급 (규칙형)

8.2. 수동의 se와 비인칭의 se

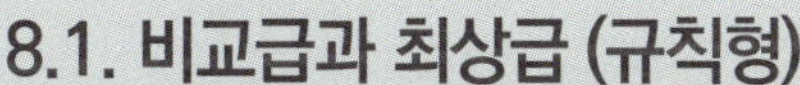

La lección 08

8.1. 비교급과 최상급 (규칙형)

8.1.1. 형용사, 명사, 부사의 비교급

1) 우등 비교: 『más + 형용사 / 명사 / 부사 + que ~』

2) 열등 비교: 『menos + 형용사 / 명사 / 부사 + que ~』

3) 동등 비교: 『tan + 형용사 / 부사 + como ~』

『tanto/a(s) + 명사 + como ~』

8.1.2. 형용사, 명사, 부사의 최상급

『정관사 + más / menos + 형용사 + 전치사 (de, en, entre) ~』

『정관사 + 명사 + más / menos + 형용사 + 전치사(de, en, entre)~』

8.2. 수동의 se와 비인칭의 se

8.2.1. 수동의 se

수동태인 『ser + 과거분사』 구문 대신 사용될 수 있다. 일반적으로 피동 주어가 사물일 때 사용되며 행위자가 특별히 중요하게 여겨지지 않는 경우에는 『전치사 + 행위자』가 생략된다.

8.2.2. 비인칭의 se

3인칭 단수로만 쓰이며, "일반적으로 ~이다"라는 의미를 갖는다. 따라서 흔히 '일반주어'라고도 부른다.

EX 8.1.

[문항]

그는 다비드보다 더 젊다.

[작문]

Él es más joven que David.

[해설]

우등 비교는 『más + 형용사 / 명사 / 부사 + que ~』 구조로 표현된다.

[응용표현]

- 나는 이 일에서 후안보다 경험이 많다.
  Tengo más experiencia que Juan en este trabajo.
- 카를로스는 나보다 늦게 도착했다.
  Carlos llegó más tarde que yo.

EX 8.2.

[문항]

나는 그보다 덜 정치적이다.

[작문]

Soy menos político que él.

[해설]

열등 비교는 『menos + 형용사 / 명사 / 부사 + que ~』 구조로 표현된다.

[응용표현]

- 훌리안은 나보다 시간이 없다.
  Julián tiene menos tiempo que yo.
- 그들은 나보다 덜 일한다.
  Ellos trabajan menos que yo.

EX 8.3.

[문항]
나는 200만 유로 이상이 필요하다.

[작문]
Necesito más de dos millones de euros.

[해설]
más 또는 menos 뒤에 숫자가 나오는 경우에는 que 대신에 de가 쓰인다.

[응용표현]
▶ 우리는 단지 10유로 미만의 돈만을 갖고 있다.
Tenemos solo menos de 10 euros.

▶ 그는 결코 한 시간 이상 공부하지 않는다.
Él nunca estudia más de una hora.

EX 8.4.

[문항]
나는 홍차보다는 커피를 더 좋아한다.

[작문]
Prefiero el café al té negro.

[해설]
preferir 동사도 우등 비교의 의미로 쓰이며, 비교의 대상 앞에는 전치사 a가 사용된다.superior와 inferior도 각각 우등 비교와 열등 비교의 의미로 쓰이며 비교의 대상 앞에 a를 취한다.

[응용표현]
▶ 그는 힘에서 동생보다 우위에 있다.
Él es superior a su hermano en fuerza.

▶ 너는 결코 지능 면에서 그들보다 열등하지 않다.
Nunca eres inferior a ellos en inteligencia.

EX 8.5.

[문항]

스페인은 프랑스만큼 크다.

[작문]

España es tan grande como Francia.

[해설]

동등 비교는 『tan + 형용사 / 부사 + como ~』 또는 『tanto + 명사 + como~』 구조를 갖는다.

[응용표현]

▶ 나는 너만큼 시간이 많지 않다.
No tengo tanto tiempo como tú.

▶ 에바는 엘레나만큼 빠르게 말한다.
Eva habla tan rápido como Elena.

EX 8.6.

[문항]

우리는 그 도시에서 가장 아름다운 왕궁을 방문할 예정이다.

[작문]

Vamos a visitar el palacio más hermoso de la ciudad.

[해설]

형용사 혹은 부사와 함께 최상급을 표현하고자 하는 경우 『정관사 + más/menos + 형용사 + 전치사 (de, en, entre) ~』 또는 『정관사 + 명사 + más/menos + 형용사 + 전치사(de, en, entre) ~』 구조를 갖는다.

[응용표현]

▶ 그녀는 내 친구들 중에서 가장 예쁘다.
Ella es la más guapa de mis amigas.

▶ 에밀리오는 교실에서 가장 열심히 공부한다.
Emilio es el que más estudia en la clase.

EX 8.7.

[문항]
검사 한 명이 파견된다.

[작문]
Se envía un fiscal.

[해설]
수동의 se는 수동태인 『ser + 과거분사』 구문 대신 사용될 수 있다. 일반적으로 피동주어가 사물일 때 사용되며 행위자가 특별히 중요하게 여겨지지 않는 경우에는 『전치사 + 행위자』가 생략된다.

[응용표현]
- 대성당이 재건된다.
  Se restaura la catedral.
- 낡은 교량이 파괴된다.
  Se destruye el puente viejo.

EX 8.8.

[문항]
여기서는 금연입니다.

[작문]
No se fuma aquí.

[해설]
비인칭의 se는 3인칭 단수로만 쓰이며, "일반적으로 ~이다"라는 의미를 갖는다. 따라서 흔히 '일반주어'라고도 부른다. se없이 동사 3인칭 복수형으로 표현되기도 한다.

[응용표현]
- 여기서는 행복하게 산다.
  Se vive feliz aquí. (= Viven felices aquí.)
- 눈이 올 것이라고들 말한다.
  Se dice que va a nevar. (= Dicen que va a nevar.)

연습문제

A. 우리 말 문장에 따라 빈 칸을 채우시오.

1. 내가 너보다는 날씬해. 내가 너보다 몸무게가 덜 나가거든.
   Soy ______ esbelta ______ tú. Yo peso ______ que tú.
2. 나는 그를 수백만번 이상 부러워했다.
   Lo he envidiado ______ de millones de veces.
3. 네가 내게 감히 어떻게 그녀가 나보다 예쁘다고 말할 수 있니?
   ¿Cómo te atreves a decirme que ella es ______ guapa ______ yo?
4. 우리는 예전보다 적은 돈을 갖고 있다.
   Tenemos ______ dinero ______ antes.
5. 그는 열 번 이상 내게 전화를 했다.
   Él me ha llamado por teléfono ______ diez veces.
6. 세계에서 가장 높은 빌딩은 어느 것입니까?
   ¿Qué edificio es ______ del mundo?
7. 각자에게 최대한 3번까지 기회가 주어진다.
   ______ da a cada uno por lo máximo hasta tres veces de oportunidad.
8. 나는 초콜릿 아이스크림 보다는 딸기 아이스크림을 더 좋아한다.
   Prefiero los helados de fresa ______ los de chocolate.

9. 그녀는 이 분야에서 너만큼 경험이 많다.

Ella tiene ______ experiencia en este campo ______ tú.

10. 여기서 모두 잘 지내고 있다.

______ está bien aquí.

B. 우리말 문장을 스페인어로 작문 하시오.

1. 나는 내 동생보다 책을 더 많이 가지고 있다.

2. 그녀는 나보다 더 빨리 걷는다.

3. 우리는 그들만큼 일한다.

4. 이 집은 왕궁만큼 많은 방을 갖고 있다.

5. 멕시코에서는 스페인어를 한다.

6. 여기 이 회사에서는 (다들) 열심히 일한다.

7. 내가 그녀보다 훨씬 더 예쁘다.

8. 나도 너만큼은 안다.

9. 들어가도 되나요? / 네, 들어오세요.

10. 이 도시에서 가장 아름다운 곳은 어디입니까?

11. 가능한 한 빨리 와야 돼. (우리) 시간 없어.

12. 사람들은 그녀를 거짓말쟁이라고 한다.

13. 한국은 스페인보다 작다.

14. 스페인의 인구는 한국보다 적다.

15. 그 사무실 직원들의 절반 가량은 스페인어를 한다.

참고어휘

가능한 한 빨리: lo más pronto posible
거짓말쟁이: el/la mentiroso(a)
열심히: con empeño, con ahínco
왕궁: el palacio real

Modelo de Producción
Escrita en Español:
Nivel Básico

La lección 09

9.1. 지시대명사

9.2. 소유형용사 (후치형)과 소유대명사

9.3. 감탄문

La lección 09

9.1. 지시대명사

화자와 청자가 이미 지시의 대상을 알고 있는 경우에 반복을 피하기 위해서 쓴다. 지시형용사와는 달리 지시대명사에는 추상적 대상을 지칭하는 중성이 있으며, 중성 지시대명사에는 복수가 없다.

9.1.1. este

'이것'이라는 의미이며, 화자(yo)에게 가까운 것을 가리킬 때 쓰인다.

성 \ 수	단수	복수
남성	este	estos
여성	esta	estas
중성	esto	-

9.1.2. ese

'그것'이라는 의미이며, 청자(tú/Ud.)에게 가까운 것을 가리킬 때 쓰인다.

성 \ 수	단수	복수
남성	ese	esos
여성	esa	esas
중성	eso	-

9.1.3. aquel

'저것'이라는 의미이며, 화자와 청자 모두에게 먼 것을 가리킬 때 쓰인다.

성 \ 수	단수	복수
남성	aquel	aquellos
여성	aquella	aquellas
중성	aquello	-

9.2. 소유형용사 (후치형)과 소유대명사

소유형용사 후치형은 전치형과는 달리 명사 뒤에서 수식하며, 소유대명사는 이미 언급된 명사를 되풀이 하지 않기 위해 사용된다.

9.2.1. 소유형용사 후치형

소유형용사 후치형을 사용할 때는 명사 앞에 반드시 정·부정관사, 지시, 수량, 부정(不定) 형용사 등의 한정사를 동반한다.

수 / 인칭	단수	복수
1인칭	mío/a(s)	nuestro/a(s)
2인칭	tuyo/a(s)	vuestro/a(s)
3인칭	suyo/a(s)	suyo/a(s)

9.2.2. 소유대명사

『정관사 또는 lo + 소유형용사 후치형』 형태로써, 이미 앞에서 언급된 명사를 반복하지 않기 위해 사용된다.

수 / 인칭	단수	복수	중성
yo	el mío la mía	los míos las mías	lo mío
tú	el tuyo la tuya	los tuyos las tuyas	lo tuyo
él/ella/Ud.	el suyo la suya	los suyos las suyas	lo suyo

인칭 \ 수	단수	복수	중성
nosotros/nosotras	el nuestro la nuestra	los nuestros las nuestras	lo nuestro
vosotros/vosotras	el vuestro la vuestra	los vuestros las vuestras	lo vuestro
ellos/ellas/Uds.	el suyo la suya	los suyos las suyas	lo suyo

9.3. 감탄문

주로 qué, cuánto 등과 같은 의문사를 이용해 만들며, 필요에 따라 다양한 품사와 함께 쓰인다. 의문사 없이 명사, 형용사, 부사만으로 감탄문을 만들 수도 있다.

EX 9.1.

[문항]
그 책은 빅토르의 것이고, 이것은 나의 것이다.

[작문]
Ese libro es de Víctor y este es mío.

[해설]
este는 '이것'이라는 의미로 este libro를 가리키는 것이다. 앞에서 libro가 나왔으므로 중복을 피하기 위해 대명사로 쓰인 것이다. 화자(yo)에게 가까운 것을 가리킬 때 쓰인다.

[응용표현]
- 나는 그 쇼들은 마음에 들지 않지만, 이것은 마음에 든다.
  No me gustan esos espectáculos, pero me gusta este.
- 이것은 무엇입니까?
  ¿Qué es esto?

EX 9.2.

[문항]
이 셔츠는 중국산이고 그것은 이탈리아산이다.

[작문]
Esta camisa es de China y esa es de Italia.

[해설]
esa는 "그것"이라는 의미이며, 앞에서 나온 camisa를 가리키는 것이다. 중복을 피하기 위해 대명사로 쓰인 것이다. 청자(tú/Ud.)에게 가까운 것을 가리킬 때 쓰인다.

[응용표현]
- 그 책상 보다는 이것이 더 맘에 든다.
  A mí me gusta más esta mesa que esa.
- 그것은 무엇입니까?
  ¿Qué es eso?

EX 9.3.

[문항]
이 샴페인은 저것보다 비싸다.

[작문]
Este champán es más caro que aquel.

[해설]
aquel은 '저것'이라는 의미이며, 앞에서 나온 champán을 가리키는 것이다. 중복을 피하기 위해 대명사로 쓰인 것이다. 화자와 청자 모두에게 먼 것을 가리킬 때 쓰인다.

[응용표현]
- 이 커피는 카페인이 없는 것이지만, 저것들은 보통의 것들이다.
  Ese café es descafeinado, pero aquellos son normales.
- 저것은 무엇입니까?
  ¿Qué es aquello?

EX 9.4.

[문항]
저기 알폰소와 사라가 오는데, 전자는 멕시코 남자이고 후자는 파라과이 여자이다.

[작문]
Allí vienen Alfonso y Sara; aquel es mexicano y esta es paraguaya.

[해설]
aquel과 esta는 각각 '전자'와 '후자'라는 의미로 쓰인 것이다. 전자(Alfonso)가 남성이므로 aquel로, 후자(Sara)는 여성이므로 esta로 표현한 것이다.

[응용표현]
- 마리벨은 몇 명의 방문자들과 이야기를 나누고 있는데, 전자는 선생님이고 후자는 학생들의 부모님들이다.
  Maribel está hablando con unos visitantes; aquella es profesora y estos son los padres de los estudiantes.
- 우리는 오늘 영화와 연극을 한 편씩 보았는데, 전자는 지루하고 후자는 재미있다.
  Hoy hemos visto una película y un teatro; la primera fue aburrida y el último fue divertido.

EX 9.5.

[문항]
내 친구 한 명은 볼리비아에 산다.

[작문]
Un amigo mío vive en Bolivia.

[해설]
소유형용사 후치형은 정·부정관사, 지시, 수량, 부정(□定) 형용사 등의 한정사를 동반한 명사에 소유의 의미를 첨가하고자 할 때 쓰인다. 소유형용사 전치형(mi, tu, su 등)과 앞의 한정사는 동일한 위치에 출현하기 때문에 소유사를 후치시킨다. 따라서 소유형용사 후치형을 사용할 때는 명사 앞에 반드시 정·부정관사, 지시, 수량, 부정(□定) 형용사 등의 한정사가 출현한다.

[응용표현]
- 나는 네 편지를 여러 통 받았다.
  He recibido varias cartas tuyas.
- 너희들의 책 몇 권은 책상 밑에 있다.
  Algunos libros vuestros están debajo del escritorio.

EX 9.6.

[문항]
나의 할머니와 너의 할머니는 친구이다.

[작문]
Mi abuela y la tuya son amigas.

[해설]
소유대명사는 『정관사 또는 lo + 소유형용사 후치형』 형태로써, 이미 앞에서 언급된 명사를 반복하지 않기 위해 사용된다. la tuya는 abuela를 반복하지 않기 위해 대명사로 쓰인 것이다.

[응용표현]
- 너의 것은 어느 것이니? / 이것이 나의 것이야.
  ¿Cuál es el tuyo? / El mío es este.
- 그녀는 단지 자기 것만을 생각한다.
  Ella piensa solo en lo suyo.

EX 9.7.

[문항]

너는 얼마나 예쁜지!

[작문]

¡Qué guapa eres!

[해설]

감탄문은 주로 의문사를 사용해 만들며, 필요에 따라 다양한 품사와 함께 쓰인다. 주로 『¡Qué + 형용사/명사 + 동사!』 형태를 취한다. Qué 이외에도 문맥에 따라 cuánto(a), cuán, cómo 등 다양하게 쓰인다.

[응용표현]

- 너는 책들이 참 많구나!
  ¡Cuántos libros tienes!
- 나쁜 소식이란 참 빨리도 퍼지는구나!
  ¡Cuán rápidamente corren las malas noticias!
- 얼마나 무거운지!
  ¡Cómo pesa!

EX 9.8.

[문항]

훌륭해!

[작문]

¡Estupendo!

[해설]

의문사를 사용하지 않고 형용사나 명사만으로도 감탄문을 만들 수 있다.

[응용표현]

- 맙소사! ¡Dios mío!
- 세상에! ¡Madre mía!
- 환상적이야! ¡Fantástico!

연습문제

A. 우리 말 문장에 따라 빈 칸을 채우시오.

1. 이 볼펜은 나의 것이고 저것은 너의 것이다.
   Este bolígrafo es mío y ________ es tuyo.
2. 저 아이들은 나의 조카들이고 이 아이들은 나의 사촌들이다.
   Aquellos chicos son mis sobrinos y ________ son mis primos.
3. 그 전자레인지는 일본산이고 저것들은 한국산이다.
   Ese microondas es de Japón y ________ son de Corea.
4. 나는 『돈키호테』와 『파우스트』를 읽었는데, 전자는 세르반테스의 것이고 후자는 괴테의 것이다.
   He leído *Don Quijote* y *Fausto*; ________ es de Cervantes y ________ es de Goethe.
5. 내 친구 몇 명은 과테말라에서 일하고 있다.
   Unos amigos ________ trabajan en Guatemala.
6. 나의 형과 너의 형은 같은 학교에서 공부한다.
   Mi hermano mayor y ________ estudian en la misma escuela.
7. 너희들은 너희들 것만 생각해서는 안 된다.
   No debéis pensar solo en ________.
8. 그 영화가 얼마나 재미있던지!
   ¡________ divertida es esa película!

9. 그녀가 얼마나 똑똑하던지!

¡__________ lista es ella!

10. 그가 얼마나 공부를 열심히 하던지!

¡Con __________ ahínco estudia él!

B. 우리말 문장을 스페인어로 작문 하시오.

1. 이것은 매우 중요하다.

2. 나의 볼펜과 마누엘의 것은 가방에 있다.

3. 그들은 얼마나 많이 아는지!

4. 얼마나 재미있는 책인지!

5. 오늘은 얼마나 더운지!

6. 너는 그가 얼마나 친절한지 상상할 수 없을 거야.

7. 네가 감히 어떻게 내게 그럴 수 있니!

8. 그 레스토랑은 얼마나 멀리 있는지!

9. 축하해!

10. 이 와인은 칠레산이고 저것들은 프랑스산이다.

11. 이 우산은 너의 것이다.

12. 그의 핸드폰은 내 것보다 새 것이다.

13. 이 입장권은 누구의 것이니? / 내 것이야.

14. 너는 너의 일만 챙기니?

15. 내 아파트는 시내 중심가에 있는데, 네 아파트는 어디 있니?

참고어휘

감히 ~하다: atreverse a
상상하다: imaginar
와인: el vino
멀리: lejos
시내 중심가: el centro
작은: pequeño(a)

Modelo de Producción Escrita en Español: Nivel Básico

La lección 10

10.1. 관계대명사

10.2. 관계형용사

10.3. 관계부사

La lección 10

10.1. 관계대명사

10.1.1. que

성·수 변화를 하지 않으며 선행사가 사물 또는 사람인 경우 모두 사용된다. 선행사가 '고유명사'나 '인칭대명사'인 경우에는 설명적 용법으로만 쓰인다. 선행사가 사물이든 사람이든 전치사를 동반할 때는 선행사에 상응하는 정관사를 동반한다.

10.1.2. quien

선행사가 사람인 경우 사용되며, 필요에 따라 전치사를 동반할 수 있다. 선행사에 따라 수 변화를 한다. 관계대명사 quien이 주격인 경우 설명적 용법으로만 쓰인다. 그러나 제한적 용법의 관계절을 만들기 위해서는 que를 사용한다. "~하는 사람(들)" 이라는 의미의 선행사를 포함하는 관계대명사로도 쓰인다.

10.1.3. el que와 el cual

1) el que (la que, los que, las que)

선행사 역할을 할 수 있는 명사가 둘 이상 있을 때 어느 것이 선행사인지 명시하기 위해 쓰인다. "~하는 사람(들)"이라는 의미의 선행사를 포함하는 관계대명사로도 쓰인다. 이 경우에는 quien으로 대체가 가능하다.

2) el cual (la cual, los cuales, las cuales)

용법은 대체로 el que 형과 동일하지만, 선행사를 포함하는 관계대명사로는 사용되지 않는다.

10.1.4. lo que와 lo cual

선행사가 문장 전체인 경우 사용되며 '~하는 것'으로 해석된다. lo que와 lo cual의 용법은 동일하지만, 선행사 없이 독립적으로 쓰이는 경우에는 lo que만이 쓰인다.

10.2. 관계형용사

관계형용사란 관계사의 기능을 가진 형용사이다. 선행사와 성·수가 일치되는 것이 아니라 수식하는 명사의 성·수를 따른다. 관계대명사와 마찬가지로 전치사를 동반할 수 있으며, 설명적 용법과 제한적 용법 모두 가능하다. cuyo, cuya, cuyos, cuyas와 cuanto, cuanta, cuantos, cuantas가 있다.

10.3. 관계부사

관계부사는 선행사가 '시간', '장소', '방법' 등일 때 사용된다. 문맥에 따라 cuando, donde, como 등이 쓰인다. 경우에 따라서는 관계대명사로 바꾸어 쓸 수도 있다. 관계대명사처럼 선행사를 포함해 쓰이는 경우도 있다.

EX 10.1.

[문항]

우리에게 스페인어를 가르치시는 교수님은 멕시코 사람이다.

[작문]

El profesor que nos enseña español es mexicano.

[해설]

que는 성·수 변화를 하지 않으며 선행사가 사물 또는 사람인 경우 모두 사용된다. 주격인 경우 제한적 용법과 설명적 용법 모두 가능하다.

[응용표현]

▶ 벽에 있는 그 그림은 피카소의 것이다.
Esa pintura que está en la pared es de Picasso.

▶ 오늘 우리는 라틴아메리카 문화사 수업이 있는데, 3시 반에 끝난다.
Hoy tenemos una clase de historia de la cultura latinoamericana, que termina a las tres y media.

EX 10.2.

[문항]

나는 로페스 씨를 아는데, 페루 사람이다.

[작문]

Conozco al señor López, que es peruano.

[해설]

que는 선행사가 '고유명사'나 '인칭대명사'인 경우에는 설명적 용법으로만 쓰인다.선행사가 사물이든 사람이든 전치사를 동반할 때는 선행사에 해당하는 정관사를 동반한다.

[응용표현]

▶ 나는 그의 의견에 동의하는데, (그는) 항상 진실을 말한다.
Estoy de acuerdo con él, que siempre dice la verdad.

▶ 내가 쓰고 있는 볼펜은 파란색이다.
El bolígrafo con el que escribo es azul.

EX 10.3.

[문항]
네가 인터뷰한 그 분은 나의 삼촌이다.

[작문]
El señor a quien has entrevistado es mi tío.

[해설]
quien은 선행사가 사람인 경우 사용되며, 필요에 따라 전치사를 동반할 수 있다. 선행사에 따라 수 변화를 한다.

[응용표현]
- 오전 회의에서 감독이 추천한 여배우는 페넬로페 크루스이다.
  Es Penélope Cruz la actriz a quien ha recomendado el director en el mitin de la mañana.
- 오늘 오후 너희들이 이야기했던 사람이 저기 있다.
  El señor de quien habéis hablado esta tarde está allí.

EX 10.4.

[문항]
내 친구 한 명은, 일본 사람인데, 멕시코에서 일하고 싶어 한다.

[작문]
Un amigo mío, quien(=que) es japonés, quiere trabajar en México.

[해설]
선행사가 주격인 경우, quien은 설명적 용법으로만 쓰이며 que로 대체될 수 있다. 제한적 용법으로는 쓰이지 않는다.
"~하는 사람(들)" 이라는 의미의 선행사를 포함하는 의미로도 쓰인다.

[응용표현]
- 나의 누나는, 공무원인데, 지금은 UN에서 일하고 있다.
  Mi hermana, quien es funcionaria, trabaja en las Naciones Unidas ahora.
- 앎이 깊은 자는 말이 적다.
  Quien sabe mucho habla poco.

EX 10.5.

[문항]
저기 소냐가 애인과 함께 오는데, 그는 러시아 대사관에서 일하고 있다.

[작문]
Allí viene Sonia con su novio, el que trabaja en la Embajada de Rusia.

[해설]
선행사 역할을 할 수 있는 명사는 Sonia와 su novio이지만 선행사로 su novio를 취하여 남성 단수라는 것을 표시하기 위해 el que로 받은 것이다.
"~하는 사람(들)"이라는 선행사를 포함한 의미를 표현할 때 사용되며 quien으로 대체가 가능하다.
el cual (la cual, los cuales, las cuales)의 용법은 대체로 el que 형과 동일하지만, 선행사 없이 쓰이는 독립 용법으로는 사용되지 않는다는 점이 다르다.

[응용표현]
- 빅토르와 베아트리스가 춤을 추고 있는데, 그녀는 내 살사 선생님이다.
  Bailan Víctor y Beatriz, la cual (= la que) es mi profesora de salsa.
- 내가 쓰고 있는 샤프펜슬은 매우 가늘다.
  El portaminas con el cual (= con el que) escribo es muy fino.

EX 10.6.

[문항]
나는 정부로부터 장학금을 받을 예정이고, 그것이 부모님을 기쁘게 한다.

[작문]
El gobierno me va a dar una beca, lo que alegra a mis padres.

[해설]
lo que는 '그것'이라는 의미로 앞 문장 전체의 사실, 즉 '내가 정부로부터 장학금을 받을 것이라는 사실'을 받는다. lo cual로 대체가 가능하다.
선행사가 문장 전체인 경우에도 사용되며 '~하는 것'으로 해석된다. 선행사 없이 독립적으로 쓰이는 경우에는 lo que만이 쓰인다.

[응용표현]
- 독재자가 방금 사망했고, 우리는 그에 관해 지금 이야기를 나누고 있다.
  El dictador acaba de fallecer, de lo que hablamos ahora.
- 네가 나에게 말하는 것이 무슨 뜻인지 난 이해를 못하겠어.
  No entiendo qué significa lo que me dices.

EX 10.7.

[문항]

아버지가 외교관인 그 소녀는 5개 국어를 한다.

[작문]

La chica, cuyo padre es diplomático, habla cinco idiomas.

[해설]

cuyo는 수식하는 명사의 성과 수에 따른다. padre가 남성 단수이므로 cuyo가 된 것이다. '(선행사)의 ~'라는 의미를 갖는다.

cuanto는 수식하는 명사의 성과 수에 따라 cuanta, cuantos, cuantas로 변한다. '~하는 모든 (것)'이라는 의미를 갖는다.

[응용표현]

- 아들 넷이 모두 판사인 부인이 자신만의 교육법을 이야기한다.
  La señora cuyos cuatro hijos son jueces habla de su propio modo de instrucción.
- 우리는 갖고 있는 돈을 전부 그 회사에 투자할 예정이다.
  Vamos a invertir cuanto dinero tenemos (= todo el dinero que tenemos) en esa empresa.

EX 10.8.

[문항]

이제 내가 떠나야 할 시간이다.

[작문]

Ya es la hora cuando debo partir.

[해설]

관계부사 cuando는 선행사가 '시간'을 나타낼 때 사용된다. 관계대명사 en que로 바꾸어 쓸 수도 있다. donde가 전치사 a를 동반하는 경우, 선행사가 명시적인 경우에는 adonde를, 그렇지 않은 경우는 a donde를 쓴다.

[응용표현]

- 나는 그녀가 우리에게 지시하는 방식이 마음에 안 든다.
  No me gusta el modo como nos manda ella.
- 나의 아버지께서 일하시는 회사는 무척 크다.
  La empresa donde (= en donde/ en la que) trabaja mi padre es muy grande.

연습문제

A. 우리 말 문장에 따라 빈 칸을 채우시오.

1. 나는 스페인어 전자 사전을 하나 샀는데, 공부하는 데 많은 도움이 될 것이다.
   He comprado un diccionario electrónico de español, ______ me va a ayudar mucho a estudiar.

2. 무대에서 노래를 부르고 있는 저 가수는 누구입니까?
   ¿Quién es ese cantante ______ está cantando en la escena?

3. 교수님께서 언급하는 주제들은 매우 중요한 것들이므로 암기해야 한다.
   Tenemos que aprender de memoria los temas ______ se refiere el profesor porque son muy importantes.

4. 성공하기를 원하는 사람은 무엇보다도 먼저 자신을 극복해야 한다.
   ______ quiere tener éxito debe superarse a sí mismo ante todo.

5. 나의 스페인어 교수님은 멕시코 사람인데, 한국말을 잘 할 줄 모른다.
   Mi profesor de español es mexicano, ______ no habla bien coreano.

6. Marta가 내게 책 한 권과 잡지 몇 권을 빌려주었는데, 잡지들은 곧 돌려줄 것이다.
   Marta me ha prestado un libro y unas revistas, ______ voy a devolverle dentro de poco.

7. 네가 하고 싶은 말이 뭐니?
¿Qué es ______ quieres decir?

8. 아버지가 선장인 그 아이도 선원이 되기를 원한다.
Ese chico, ______ padre es capitán, quiere ser marinero también.

9. 부모님들은 가지고 있는 모든 것을 자식들을 위해 바치신다.
Los padres ofrecen ______ tienen para sus hijos.

10. 네가 일할 나라의 정치가 매우 불안하다.
Es muy inestable la política del país ______ vas a trabajar.

B. 우리 말 문장을 스페인어로 작문 하시오.

1. 이 책이 다루고 있는 주제들은 우리에게 매우 유용하다.

2. 이곳이 너희들이 공부할 교실이다.

3. 위에 꽃병이 놓여 있는 저 책상은 누구의 것입니까?

4. 나는 마리아가 결혼하려는 그 남자를 잘 안다.

5. 그것이 우리가 모임에 참석하지 않은 이유이다.

6. 환경을 돌볼 임무를 맡은 사람들은 바로 우리이다.

7. 이것이 바로 내가 담배를 끊지 못하는 이유이다.

8. 내가 그녀를 사랑하는 이유는 어려울 때 항상 내 곁에 있다는 것이다.

9. 우리가 방문할 박물관은 지하철 역 부근에 있다.

10. 우리는 가능한 한 빨리 이 일을 끝내고 싶다.

11. 그녀는 도박으로 재산을 모두 탕진한다.

12. 그들이 자주 산책하는 공원에는 다람쥐들이 산다.

13. 네가 일 처리하는 방식이 내 맘에 들지 않는다.

14. 나는 오늘 아침 무사히 집에 도착했고, 그로 인해 부모님께서 무척 기뻐하신다.

15. 방금 주차한 장소가 기억이 나지 않는다.

참고어휘

기억하다: recordar, acordarse de
꽃병: el florero
다람쥐: la ardilla
도박: la apuesta
무사히: sano y salvo
산책하다: pasear, dar un paseo
임무를 맡다: encargarse de
환경: el medio ambiente
재산을 탕진하다: derrochar todos los bienes

Nota

Modelo de Producción
Escrita en Español:
Nivel Básico
BIBLIOTECA NACIONAL

La lección 11

11.1. 직설법 단순과거

11.2. 단순과거와 현재완료 비교

La lección 11

11.1. 직설법 단순과거

과거의 어느 한 시점에 완결된 동작이나 상태를 표현한다.

[규칙 변화]

hablar		comer		vivir	
hablé	hablamos	comí	comimos	viví	vivimos
hablaste	hablasteis	comiste	comisteis	viviste	vivisteis
habló	hablaron	comió	comieron	vivió	vivieron

[불규칙 변화]

1) 3인칭 단·복수에서 어간 모음 e > i, o > u 변화 동사들

pedir (요구하다): pedí, pediste, pidió, pedimos, pedisteis, pidieron

seguir (계속하다): seguí, seguiste, siguió, seguimos, seguisteis, siguieron

sentir (느끼다): sentí, sentiste, sintió, sentimos, sentisteis, sintieron servir (봉사하다): serví, serviste, sirvió, servimos, servisteis, sirvieron

dormir (자다): dormí, dormiste, durmió, dormimos, dormisteis, durmieron

morir (죽다): morí, moriste, murió, morimos, moristeis, murieron

2) 3인칭 단·복수에서 어미가 -yó로, -yeron으로 변하는 동사들

caer (떨어지다): caí, caíste, cayó, caímos, caísteis, cayeron

creer (믿다): creí, creíste, creyó, creímos, creísteis, creyeron

leer (읽다): leí, leíste, leyó, leímos, leísteis, leyeron

oír (듣다): oí, oíste, oyó, oímos, oísteis, oyeron

3) 아래의 불규칙 동사들은 1, 3인칭 단수에서 강세가 어간에 놓이는 특수한 형태를 취한다.

andar (걷다): anduve, anduviste, anduvo, anduvimos, anduvisteis, anduvieron

caber (들어갈 수 있다): cupe, cupiste, cupo, cupimos, cupisteis, cupieron

conducir (운전하다): conduje, condujiste, condujo, condujimos, condujisteis, condujeron

dar (주다): di, diste, dio, dimos, disteis, dieron

decir (말하다): dije, dijiste, dijo, dijimos, dijisteis, dijeron

estar (있다): estuve, estuviste, estuvo, estuvimos, estuvisteis, estuvieron haber (있다): hube, hubiste, hubo, hubimos, hubisteis, hubieron

hacer (하다): hice, hiciste, hizo, hicimos, hicisteis, hicieron

ir (가다): fui, fuiste, fue, fuimos, fuisteis, fueron

poder (~할 수 있다): pude, pudiste, pudo, pudimos, pudisteis, pudieron

poner (놓다): puse, pusiste, puso, pusimos, pusisteis, pusieron

querer (좋아하다): quise, quisiste, quiso, quisimos, quisisteis, quisieron

saber (알다): supe, supiste, supo, supimos, supisteis, supieron

ser (~이다): fui, fuiste, fue, fuimos, fuisteis, fueron (☞ ir 참조)

tener (가지다): tuve, tuviste, tuvo, tuvimos, tuvisteis, tuvieron

traer (가져오다): traje, trajiste, trajo, trajimos, trajisteis, trajeron

venir (오다): vine, viniste, vino, vinimos, vinisteis, vinieron

11.2. 단순과거와 현재완료 비교

단순과거가 과거의 사실을 나타내더라도 현재와의 관련성을 배제하는 경우에 사용되는 반면에, 현재완료는 「과거의 일이지만, 그 결과가 실제적이든 심리적이든 현재까지 영향을 미치고 있는 경우」에 주로 사용된다. 따라서 단순과거가 명백한 과거의 의미를 갖는 부사나 부사구 (예: ayer, anteayer, la semana pasada 등)와 함께 쓰이는 반면에 현재완료는 주로 현재와 관련성이 있는 부사나 부사구 (예: hoy, esta mañana, esta tarde, esta noche, esta semana, este mes, este año, aún, todavía, ya, nunca, jamás 등)와 함께 쓰인다.

EX 11.1.

[문항]
기차는 정시에 도착했다.

[작문]
El tren llegó a tiempo.

[해설]
단순과거는 과거의 어느 순간에 일어나서 종결된 동작이나 상태를 표현한다.

[응용표현]
- 나는 어제 도서관에서 5시간을 공부했다.
  Ayer estudié cinco horas en la biblioteca.
- 나는 지난주 후안과 맥주를 마셨다.
  La semana pasada bebí cerveza con Juan.

EX 11.2.

[문항]
그녀는 20년간 UN에서 일했다.

[작문]
Ella trabajó en las Naciones Unidas durante veinte años.

[해설]
과거에 지속되었던 동작이나 상태라도 구체적인 기간이나 횟수가 명시되면 단순과거를 쓴다. 이는 그 동작이나 상태가 과거의 일정 기간 및 횟수 내에서 결과적으로 종결되었음을 표현한다.

[응용표현]
- 100년 동안 지진이 20번 이상 일어났다.
  Ocurrieron más de veinte terremotos durante cien años.
- 지난 달에 나는 사촌들을 세 번 방문했다.
  El mes pasado visité a mis primos tres veces.

EX 11.3.

[문항]
웨이터들은 우리에게 요리를 가져다 주었다.

[작문]
Los camareros nos sirvieron los platos.

[해설]
servir는 단순과거형 3인칭 단·복수에서 e가 i로 변하는 동사이다.

[응용표현]
▶ 그들은 계속 같은 방향으로 길을 갔다.
Ellos siguieron el camino en la misma dirección.

▶ 그녀는 늦어서 무척 미안해했다.
Ella sintió mucho la tardanza.

EX 11.4.

[문항]
나뭇잎들은 바닥으로 떨어졌다.

[작문]
Las hojas cayeron al suelo.

[해설]
caer는 단순과거형 3인칭 단·복수에서 -yó, -yeron으로 변하는 동사이다.

[응용표현]
▶ 부모님께서 나의 편지를 읽으셨다.
Mis padres leyeron mi carta.

▶ 나는 어제 그녀가 노래하는 것을 들었다.
Ayer la oí cantar a ella.

EX 11.5.

[문항]
그녀는 선생님이었으나, 지금은 사업가이다.

[작문]
Ella fue profesora, pero ahora es empresaria.

[해설]
주어의 직업을 묘사하는 구문이다. 과거에 선생님이었으나 현재와는 무관한 경우에 단순과거를 쓴다.

[응용표현]
▶ 그들은 콜롬비아에서 2년을 살았었고 지금은 미국에 있다.
Ellos pasaron dos años en Colombia y ahora están en los Estados Unidos.

▶ 우리는 현 경제 위기를 피할 수 있는 많은 기회를 가졌었다.
Tuvimos muchas oportunidades para evitar esta crisis económica.

EX 11.6.

[문항]
너는 멕시코에 얼마동안 있었니?

[작문]
¿Cuánto tiempo estuviste en México?

[해설]
주어가 '멕시코에 있었던 일'은 현재와는 무관하게 과거에 종결된 사건이다. 따라서 단순과거로 표현된 것이다. 부사어로 일정한 기간이 제시된다 해도 동사의 행위가 과거에 종결된 것이면 단순과거로 표현된다.

[응용표현]
▶ 나는 하루 종일 톨레도의 거리를 걸어 다녔다.
Todo el día anduve por las calles de Toledo.

▶ 아이들은 해변에서 좋은 날씨를 즐길 수 있었다.
Los niños pudieron disfrutar de buen tiempo en la playa.

EX 11.7.

[문항]

정부는 인질들을 구출하기 위해 많은 노력을 기울였다.

[작문]

El gobierno hizo muchos esfuerzos por salvar a los rehenes.

[해설]

주어가 '노력을 기울인 것'은 과거에 완료된 일이므로 단순과거로 표현한다. hacer esfuerzos는 "~을 하기 위해 노력하다"라는 의미로 주로 전치사 por를 동반한다. esforzarse por를 사용하기도 한다.

[응용표현]

- 그 여비서는 내게 서류 하나를 가져왔다.
  La secretaria me trajo un documento.
- 그들은 5시간 동안 쉬지 않고 운전했다.
  Condujeron cinco horas sin descansar.

EX 11.8.

[문항]

나는 이미 『전쟁과 평화』를 읽었다.

[작문]

Ya he leído *La guerra y la paz*.

[해설]

현재완료는 「과거의 일이지만, 그 결과가 실제적으로나 심리적으로 현재까지 영향을 미치고 있는 경우」에 주로 사용된다. 따라서 위 문장에서는 '읽었다'는 사실의 심리적 영향이 현재까지 지속됨을 표현한다.

[응용표현]

- 나는 너처럼 예쁜 여자를 결코 본 적이 없다.
  Jamás he visto a una chica tan guapa como tú.
- 나는 어제 열심히 공부했으나, 오늘은 아무 것도 하지 않았다.
  Ayer estudié mucho, pero hoy no he hecho nada.

연습문제

A. 우리 말 문장에 따라 빈 칸을 채우시오.

1. 그들은 이틀 전에 서울에 도착했다.
   Ellos ________ a Seúl hace dos días.
2. 나는 어제 오후에 그녀와 함께 영화를 보았다.
   ________ la película con ella ayer por la tarde.
3. 오늘 나는 아침 9시 반에 페드로에게 전화를 했다.
   Hoy ________ por teléfono a Pedro a las nueve y media de la mañana.
4. 그들은 작년 5월 28일에 결혼했다.
   Ellos ________ el 28 de mayo del año pasado.
5. 우리 부모님은 3개월 동안 동유럽을 여행하셨다.
   Mis padres ________ por Europa del Este durante 3 meses.
6. 너는 어제 뭘 했니?
   ¿Qué ________ ayer?
7. 그는 질문에 즉시 대답했다.
   Él ________ a la pregunta de inmediato.
8. 그들은 냉장고를 몇 시에 가져왔습니까?
   ¿A qué hora ________ ellos el frigorífico?
9. 우리는 조금 전에 그 소식을 들었다.
   ________ esa noticia hace poco.

10. 호세피나는 10년 전에 스페인에서 자동차 운전하는 것을 배웠다.
Josefina ______ a conducir en España hace 10 años.

B. 우리 말 문장을 스페인어로 작문 하시오.

1. 우리 모두는 시험에서 성공을 거두었다.

2. 작년에는 이곳에 아무도 방문하지 않았는데, 지금은 많은 관광객들이 방문한다.

3. 우리는 기차표가 매진되어서 버스표를 샀다.

4. 너는 어제 우리 집에 올 시간이 없었니?

5. 오늘 새벽에 시청 앞에서 큰 교통사고가 있었지만, 사망자는 없었다.

6. 나는 한 시간을 기다렸지만 그를 만나지 못했다. 그래서 계획을 바꿀 수밖에 없었다.

7. 도둑이 사무실에서 금고를 열자 경보음이 울렸다.

8. 나는 후안이 BBVA은행 Saconia 지점 전화번호를 묻기에 알려주었다.

9. 그녀는 집의 모든 창문 옆에 전등을 달아 놓았다.

10. 당신은 지난 수요일에 왜 그들과 함께 저녁식사를 하지 않았습니까?

참고어휘

경보음: la alarma
매진되다: acabarse, agotarse
시청: el ayuntamiento
지점: la sucursal
금고: la caja de seguridad
새벽: la madrugada
전등: la lámpara

C. 우리 말 문장을 스페인어로 작문 하시오.

1. 너는 장학금 신청 결과를 언제 알았니?

2. 어제 나의 동료는 신경이 예민해져서 일을 계속할 수 없었다.

3. 나는 감기약을 사려고 온 동네를 헤매었다.

4. 그는 지난 주에 등록금을 납부하지 못해서 오늘 납부했다.

5. 아이들에게 장난감을 주었더니 매우 좋아했다.

6. 오늘 내가 샀던 비디오 게임기는 짝퉁이다.

7. 정부는 어제의 사건에 대해 오늘 긴급 성명을 발표했다.

8. 우리는 정원의 나무를 지난 9월 13일에 모두 산에 옮겨 심었다.

9. 지난 주 구매한 모든 노트는 오늘 반품 처리되었다.

10. 어제 비가 많이 와서 오늘 아침 거리는 깨끗하다.

참고어휘

감기약: la medicina para la gripe
긴급 성명: la declaración de urgencia
등록금: la matrícula
비디오게임기: el videojuego
장학금신청: la solicitud de beca
짝퉁의: falsificado(a)
반품하다: devolver
옮겨 심다: trasplantar
지원하다: solicitar

Modelo de Producción
Escrita en Español:
Nivel Básico

La lección 12

12.1. 직설법 불완료과거

12.2. 직설법 과거완료

La lección 12

12.1. 직설법 불완료과거

[규칙 변화]

hablar		comer		vivir	
hablaba	hablábamos	comía	comíamos	vivía	vivíamos
hablabas	hablabais	comías	comíais	vivías	vivíais
hablaba	hablaban	comía	comían	vivía	vivían

[불규칙 변화]

ver		ser		ir	
veía	veíamos	era	éramos	iba	íbamos
veías	veíais	eras	erais	ibas	ibais
veía	veían	era	eran	iba	iban

12.2. 직설법 과거완료

「haber의 불완료과거+과거분사」 형태를 취하며, 어떤 행위나 동작이 과거의 한 시점을 기준으로 그 이전에 완료되었음을 나타낸다.

había habías había habíamos habíais habían	과거분사 (hablado, comido, vivido)

EX 12.1.

[문항]
우리 할아버지는 이 공원에서 매주 주말마다 산책을 하시곤 하였다.

[작문]
Mi abuelo paseaba por este parque todos los fines de semana.

[해설]
과거의 습관적인 행동을 묘사할 경우 직설법 불완료과거를 사용할 수 있다. '매주 주말마다'라는 의미를 나타내는 시간의 부사구 todos los fines de semana가 사용되어 과거의 반복된 행동을 부연 설명하고 있다. 만일 이러한 부사구가 쓰이지 않으면 '우리 할아버지는 (모르는 과거 한 시점에) 이 공원에서 산책하고 있었다'라는 지속의 의미나 '우리 할아버지는 (정확한 빈도는 모르지만) 이 공원에서 산책하곤 하였다'라는 반복적 의미를 나타낼 수 있다.

[응용표현]
▶ 내가 젊었을 땐 록 음악을 매우 좋아했었다.
Cuando yo era joven, me gustaba mucho la música rock.

▶ 우리는 휴일에 축구경기를 보러 상암 경기장에 가곤 하였다.
Solíamos ir al estadio Sang-am para ver el partido de fútbol en los días festivos.

EX 12.2.

[문항]
검은 연기가 굴뚝으로 나오고 있었다.

[작문]
El humo negro salía de la chimenea.

[해설]
과거시점에 연기가 굴뚝을 통해 지속적으로 나오는 상황을 묘사하는 구문으로 불완료 과거시제가 사용된 문장이다. 만약 El humo negro salió de la chimenea.라고 표현한다면 이는 검은 연기가 굴뚝으로 나왔다는 사건을 언급하지만 연기가 나오는 지속적 상황을 묘사하지는 않는다.

[응용표현]
▶ 그녀는 공포감으로 아무것도 할 수 없었다.
Ella no podía hacer nada por el miedo.

▶ 페드로는 지진이 발생했을 때 집에 있었다.
Pedro estaba en casa cuando ocurrió el terremoto.

EX 12.3.

[문항]

페드로는 그의 부인이 저녁식사를 준비하는 동안 텔레비전을 시청하고 있었다.

[작문]

Pedro veía la televisión mientras su esposa preparaba la cena.

[해설]

과거에 두 동작이 동시에 일어나는 것을 표현하는 구문이다. '~하는 동안'의 의미를 나타내는 시간의 접속사 mientras가 사용되어 Pedro가 텔레비전을 시청하는 행위와 그의 부인이 저녁식사를 준비하는 행위를 각각 불완료과거로 묘사하고 있다.

[응용표현]

- 후안이 마당을 쓰는 동안 나는 설거지를 하고 있었다.
  Yo fregaba los platos mientras Juan barría el patio.
- 호세는 한 달 전부터 그것을 하고 있있다.
  José lo hacía desde hacía un mes.

EX 12.4.

[문항]

어제 너에게 전화 하려고 했었어.

[작문]

Ayer iba a llamarte.

[해설]

[ir의 불완료과거형+a+inf.]는 과거에 의도했으나 이루지 못한 사실을 표현한다. Hoy queria llamarte.라고 하면 "오늘 너에게 전화하고 싶었어"와 같은 의미로 전달이 가능하다.

[응용표현]

- 나는 스포츠카 한 대를 사려고 했었다.
  Yo iba a comprar un coche deportivo.
- 그녀는 가난한 자들을 도와주려고 했었다.
  Ella iba a ayudar a los pobres.

EX 12.5.

[문항]
내가 집에 도착했을 때 동생은 방에 잠들어 있었다.

[작문]
Cuando llegué a casa, mi hermano estaba dormido en la habitación.

[해설]
'집에 도착한 것'은 과거의 한 순간에 완결된 일이므로 단순과거로 표현한 반면에, 잠들어 있는 상태는 불특정한 시간 동안 지속된 것이므로 불완료과거로 표현된 것이다.

[응용표현]
- 그녀는 서울에 올 때마다 내게 전화를 하곤 했다.
  Siempre que ella venía a Seúl, me llamaba por teléfono.
- 교수님이 교실에 들어오셨을 때 그는 그녀와 이야기 중이었다.
  Cuando el profesor entró en la clase, él hablaba con ella.

EX 12.6.

[문항]
자명종이 울렸을 때 마리아는 이미 깨어있었다.

[작문]
Cuando sonó el despertador, María ya se había despertado.

[해설]
자명종이 울린 사건은 과거의 한 시점에 일어나고, 그 시점 이전에 마리아가 이미 깨어 있었으므로 자명종이 울린 사건보다 이전에 마리아가 깨어있었다는 시간적 차이를 표현하기 위해 주절에 과거완료가 사용된 구문이다.

[응용표현]
- 나는 어제 회의에서 예전에 여러 차례 대화한 적 있는 한 사람을 만났다.
  En la conferencia de ayer encontré a una persona con quien ya había hablado en otras ocasiones.
- 그는 내게 이미 그것을 다 끝마쳤다고 말했다.
  Él me dijo que ya lo había terminado.

EX 12.7.

[문항]
그들은 마드리드에 도착하자마자 프라도 미술관으로 갔다.

[작문]
Tan pronto como llegaron a Madrid, se dirigieron al Museo del Prado.

[해설]
tan pronto como, en cuanto 등의 접속사는 '~하자마자'의 의미를 갖는다.

[응용표현]
▶ 나는 학교에 도착하자마자 그에게 책을 돌려주었다.
En cuanto llegué a la escuela, le devolví el libro.

▶ 우리는 시험이 끝나자마자 극장에 갔다.
Tan pronto como terminó el examen, fuimos al cine.

EX 12.8.

[문항]
광장에는 많은 사람들이 있었다.

[작문]
Había mucha gente en la plaza.

[해설]
과거의 상황을 묘사하는 경우에는 불완료과거를 쓴다. 그러나 과거의 단순 사실을 전달하는 것이라면 단순과거로 표현할 수도 있다. 즉 Hubo mucha gente en la plaza.도 가능하다.

[응용표현]
▶ 하늘은 흐려 있었다.
El cielo estaba nublado.

▶ 건물 밖은 무척 어두웠다.
Fuera del edificio estaba muy oscuro.

연습문제

A. 우리 말 문장에 따라 빈 칸을 채우시오.

1. 내가 20살이었을 때, 그를 알게 되었다.
   Lo ____________ cuando yo ____________ 20 años.
2. 왜 너 어제 수업에 오지 않았니? / 몸이 좋지 않았어.
   ¿Por qué no ____________ ayer a la clase? /
   No ____________ bien.
3. 네가 전화했을 때 나는 집을 청소하고 있었어.
   Cuando me ____________ por teléfono, yo ____________ la casa.
4. 전에는 매일 체육관에 가곤했었는데, 지금은 일이 너무 많아서 못가.
   Antes ____________ al gimnasio todos los días, pero ahora no puedo porque tengo mucho que hacer.
5. 그 당시 너무나 겁을 먹어서 아무것도 할 수 없었다.
   En aquel entonces ____________ mucho y no ____________ hacer nada.
6. 그 초등학교의 실험실은 작고 어두웠다.
   El laboratorio de la escuela primaria ____________ pequeño y oscuro.
7. 겨울마다 우리 가족은 Sierra Nevada에서 스키를 즐기곤 했다.
   Mi familia ____________ esquiar todos los inviernos en Sierra Nevada.

8. 소냐가 라디오를 듣고 있을 때 그 도둑은 방에서 보석과 돈을 찾고 있었다.

Cuando Sonia ________ la radio, el ladrón ________ dinero y joyas en la habitación.

9. 우리는 후안이 독신이라는 것을 이미 알고 있었다.

Ya ________ que Juan era soltero.

10. 그는 영화가 시작되자마자 갑자기 나갔다.

Tan pronto como ________ la película, de repente ________ él.

B. 우리 말 문장을 스페인어로 작문 하시오.

1. 그녀는 면접을 보기 전에 다른 지원자와 잡담을 하고 있었다.

2. 그는 동전을 하나도 가지고 있지 않았다.

3. 그 방에는 이상한 무엇인가가 있었다.

4. 나는 수요일에는 영화를 보러 극장에 가곤 하였다.

5. 사무실에 들어갔을 때 에어컨이 이미 켜져 있었다.

6. 그는 그 일에 대해 침묵하고 있었다.

7. 경찰이 집에 도착했을 때 이미 도둑은 모두 도주하였다.

8. 그 기능공은 내 자동차를 이미 다 수리했다고 말했다.

9. 나는 어제 저녁 집 근처에 있는 놀이공원에 친구랑 가려고 했다.

10. 그는 어제 밤 빵가게 문이 닫혀 있어서 빵을 사지 못했다.

참고어휘

기능공: el mecánico
도주하다: escapar(se), huir
빵가게: la panadería
잡담하다: charlar
놀이공원: el parque de atracciones
면접하다: entrevistar
에어컨: el aire acondicionado
침묵하다: estar callado, guardar silencio

C. 우리 말 문장을 스페인어로 작문 하시오.

1. 그 회사는 새로운 복사기를 사려고 했지만 충분한 예산이 없었다.

---

2. 그 별장은 빨간 벽돌로 만들어져 있었으며 조용한 마을에 위치해 있었다.

---

3. 나는 어제 퇴근길에 페드로를 백화점 근처에서 만났는데 무척 피곤해 보였다.

---

4. 부장님은 사무실에 들어오자마자 컴퓨터를 켜고 많은 문서들을 출력했다.

5. 그는 22살에 결혼하려고 했었지만 군대에 갈 수 밖에 없었다.

6. 그는 알람브라 궁전 사진을 여러 포털사이트에서 검색했지만 좋은 사진을 구할 수 없었다.

7. 이미 아이가 망가뜨린 휴대전화를 수리하기는 힘들었다.

8. 경찰관과 전화통화를 끝내자마자 갑자기 견인차 두 대가 왔다.

9. 이 지역은 2008년 댐을 만들기로 계획한 곳이지만 작년에 모두 계획이 취소되었다.

10. 집중호우로 정전이 되자마자 지하가 모두 물로 가득 찼다.

참고어휘

건인차: la grúa
댐: la presa
별장: el chalet
예산: el presupuesto
지하: el sótano
출력하다: sacar, imprimir
군대: el ejército
벽돌: el ladrillo
복사기: la fotocopiadora
정전: el apagón
집중호우: el diluvio torrencial
포털사이트: el sitio portal

Modelo de Producción Escrita en Español: Nivel Básico

13.1. 직설법 단순미래

13.2. 직설법 미래완료

13.3. 직설법 단순미래와 미래완료의 비교

13.4. 비교급과 최상급 (불규칙형)

13.5. 절내최상급

La lección 13

13.1. 직설법 단순미래

[규칙 변화]

hablar		comer		vivir	
hablaré	hablaremos	comeré	comeremos	viviré	viviremos
hablarás	hablaréis	comerás	comeréis	vivirás	viviréis
hablará	hablarán	comerá	comerán	vivirá	vivirán

[불규칙 변화]

poner: pondré, pondrás, pondrá, pondremos, pondréis, pondrán

tener: tendré, tendrás, tendrá, tendremos, tendréis, tendrán

salir: saldré, saldrás, saldrá, saldremos, saldréis, saldrán

venir: vendré, vendrás, vendrá, vendremos, vendréis, vendrán

caber: cabré, cabrás, cabrá, cabremos, cabréis, cabrán

haber: habré, habrás, habrá, habremos, habréis, habrán

poder: podré, podrás, podrá, podremos, podréis, podrán

querer: querré, querrás, querrá, querremos, querréis, querrán

saber: sabré, sabrás, sabrá, sabremos, sabréis, sabrán

decir: diré, dirás, dirá, diremos, diréis, dirán

hacer: haré, harás, hará, haremos, haréis, harán

13.2. 직설법 미래완료

habré habrás habrá habremos habréis habrán	hablado, comido, vivido

13.3. 직설법 단순미래와 미래완료의 비교

단순미래는 '미래에 행해질 행위'를 의미하는 반면에, 미래완료는 '미래에 완료된 동작'을 표현한다. 예를 들어 El próximo domingo leeré esta novela.는 "다음 일요일에 이 소설을 읽기 시작하겠다."라는 의미인 반면에 El próximo domingo habré leído esta novela.는 "다음 일요일까지는 이 소설을 다 읽을 것이다."라는 의미이다.

13.4. 비교급과 최상급 (불규칙형)

원급	비교급	최상급
bueno	mejor	el mejor
malo	peor	el peor
grande	más grande mayor	el más grande el mayor
pequeño	más pequeño menor	el más pequeño el menor

grande와 pequeño는 두 개의 비교급 및 최상급 형태를 갖고 있다. 즉, '크기'나 '규모'를 비교할 때는 más나 menos를 붙이고, '나이'를 비교할 때는 mayor나 menor를 쓴다. 또한 '~살 이상/ 미만'을 표현할 때에도 mayor/ menor를 쓴다.

13.5. 절대최상급

상대적인 기준 없이 절대적인 관점에서 최상이라는 의미를 나타낸다. 주로 '최고로' 또는 '매우'라고 해석되며 형용사나 부사에 -ísimo를 붙여 만든다.

guapo → guapísimo　　limpio → limpísimo

어간에 이중모음을 갖고 있는 형태들은 단모음화 된다. 또한 어간 자음의 음가를 보존하기 위해 철자가 변하거나 강세의 위치가 변하는 형태들도 있다.

bueno → bonísimo　　fuerte → fortísimo

rico → riquísimo　　fácil → facilísimo

EX 13.1.

[문항]

소방관들은 부상자들을 구출하기 위한 모든 가능한 조치를 취할 것이다.

[작문]

Los bomberos tomarán todas las medidas posibles para rescatar a los heridos.

[해설]

현재에서 바라본 미래의 행위나 상태 등을 표현하는 경우 직설법 단순미래의 사용이 가능하다. '모든 가능한 조치를 취하다'라는 표현으로 tomar todas las medidas posibles가 사용되고 있다. 구체적인 부상자들을 대상으로 언급하므로 동사 rescatar 뒤에 전치사 a가 사용되고 있다.

[응용표현]

- 다음 주 경유 가격이 인상될 것이다.
  La próxima semana subirá el precio del gasóleo.
- 난 더 이상 질문을 하지 않겠다.
  No haré más preguntas.

EX 13.2.

[문항]

그 강아지는 대략 3개월 쯤 됐을 거야.

[작문]

Ese cachorrito tendrá más o menos 3 meses de edad.

[해설]

현재나 미래에 대한 추측이나 가능성을 표현한다. 명사 cachorrito는 '강아지 또는 포유동물의 새끼'라는 의미의 명사 cachorro를 작고 귀엽게 표현하기 위해 축소사 -ito/a를 사용한 표현이다. 축소사 어미는 -ito/a, -illo/a등이 있다.

[응용표현]

- 지금 도서관에는 학생이 많지는 않을 거야.
  En la biblioteca no habrá muchos estudiantes ahora.
- 지금 몇 시쯤 됐을까? / 오후 6시 반쯤 됐을 거야.
  ¿Qué hora será ahora? / Serán las seis y media de la tarde.

EX 13.3.

[문항]
그 리포터는 내일 고속도로에 교통량이 많을 것이라고 말한다.

[작문]
El reportero dice que mañana habrá mucho tráfico en la autopista.

[해설]
종속절의 내부에 미래의 의미를 구체화하는 시간의 부사 mañana가 사용되고 주절의 동사가 현재 시제로 쓰여 현재의 시점에서 앞으로 일어날 일을 예상한다.

[응용표현]
- 경찰은 용의자가 범죄 장소에 다시 올 것이라고 추정한다.
  La policía supone que el sospechoso vendrá de nuevo al lugar del crimen.
- 기상예보관는 내일 남부해안에 소나기가 올 것이라고 말한다.
  El meteorólogo dice que mañana habrá chubasco en la costa sureña.

EX 13.4.

[문항]
너 이 외투를 입지 않을 거지, 그렇지?

[작문]
No te pondrás este chaquetón, ¿no?

[해설]
다소 강한 명령의 표현으로 직설법 단순미래의 사용이 가능하다. 명사 chaquetón은 '외투'라는 의미로 chaqueta라는 '재킷'의 의미의 명사에 증대사 -ón를 붙여 사용한 것이다. 증대사는 대상을 크게 표현하기 위해 쓰이며 '경멸적인 의미'를 갖는 경우도 있다. 주로 -ón/a를 붙여 만든다.

[응용표현]
- 이제 네가 어제 뭘 했는지 내게 말해다오.
  Ahora me dirás qué hiciste ayer.
- 오늘 그 노처녀를 만나지 않을 거지, 그렇지?
  Hoy no verás a esa solterona, ¿verdad?
- 이제 지난주 너에게 내가 빌려줬던 책을 돌려줘.
  Ahora me devolverás el libro que te presté la semana pasada.

EX 13.5.

[문항]

구조대는 오후 7시 전에 이미 사고 현장에서 떠나 있을 것이다.

[작문]

El equipo de rescate habrá abandonado el lugar del accidente antes de las siete de la tarde.

[해설]

미래의 어느 시점을 말한다. 여기서는 '오후 7시전'을 기준으로 구조행위가 이미 완료될 것임을 표현하고자 직설법 미래완료를 사용한다. 그러나 직설법 단순미래를 사용하여 El equipo de rescate abandonará el lugar del accidente antes de las siete de la tarde.라고 표현한다면 "구조대가 오후 7시전에 사건 장소를 떠날 것이다"라는 아직 일어나지 않은 미래의 행위를 표현하게 되므로 오후 7시 전까지 구조대의 철수가 완료될 것을 예측하는 내용이 아니다.

[응용표현]

- 비서들은 오늘 저녁까지 모든 서류들을 정리해 놓을 것이다.
  Los secretarios habrán archivado todos los documentos para esta noche.
- 그 인형극의 모든 준비절차는 내일 마치게 될 것이다.
  Mañana habrán terminado todos los procesos de preparación del guiñol.

EX 13.6.

[문항]

나는 페드로가 이미 바르셀로나행 기차를 탑승했으리라고 생각한다.

[작문]

Supongo que Pedro ya habrá tomado el tren para Barcelona.

[해설]

현재 어떤 동작이 완료되어 있을 것이라는 상상이나 추측을 표현한다. 동사 creer, parecer, pensar를 이용하여 추측을 표현하기도 한다.

[응용표현]

- 우리는 이 시간이면 재고가 바닥났을 거라고 생각한다.
  Creemos que la existencia ya se habrá agotado a estas horas.
- 그녀가 지금 전화를 안 받는다. 아마도 이미 사무실에서 나간 것 같다.
  Ella no contesta. Habrá salido de la oficina.

EX 13.7.

[문항]
이 방은 저 방보다 좋다.

[작문]
Esta sala es mejor que aquella.

[해설]
'좋은(bueno)'의 비교급은 mejor로써, 불규칙하게 변화한다. aquella는 명사 sala를 반복하지 않고 지시대명사로 표현한 것으로 aquella sala를 의미한다.

[응용표현]
▶ 속임수는 게으름보다 나쁘다.
El engaño es peor que la pereza.

▶ 나의 누이는 너보다 어리다.
Mi hermana es menor que tú.

EX 13.8.

[문항]
이 방은 매우 깨끗하다.

[작문]
Esta habitación es limpísima.

[해설]
비교의 대상 없이 '매우', '더할 나위 없이'라는 의미로 형용사에 -ísimo(a)를 붙여 절대최상급을 표현한다. limpio의 절대최상급은 limpísimo(a)이다. 방이 '매우 깨끗하다'는 의미이다.

[응용표현]
▶ 세실리아는 더할 나위 없이 예쁘다.
Cecilia es guapísima.

▶ 이 음식은 더할 나위 없이 맛있다.
Esta comida es riquísima.

연습문제

A. 우리 말 문장에 따라 빈 칸을 채우시오.

1. 내일 뭐 할 거니? / 집에 있을 거야.
   ¿Qué vas a hacer mañana? / Me ______ en casa.
2. 그녀는 몇 살 쯤 됐을까?
   ¿Cuántos años ______ ella?
3. 그와 영화 보러 가지 않을 거지, 그치?
   No ______ al cine con él, ¿verdad?
4. 그녀는 이미 아기 엄마가 되어 있을 거야.
   Ella ya ______ mamá.
5. 결과가 내일 나올 것이라고 한다.
   Dicen que ______ el resultado mañana.
6. 우리는 오후에 시내로 쇼핑을 갈 것이다.
   Nosotros ______ de compras al centro de la ciudad por la tarde.
7. 수업은 이미 끝났을 거야.
   Ya ______ la clase.
8. 그녀가 금메달을 딸 것이라고들 한다.
   Dicen que ella ______ la medalla de oro.
9. 산초는 나의 가장 좋은 친구이다.
   Sancho es mi ______ amigo.

10. 그 시험은 더할 나위 없이 쉬웠다.

El examen fue ______________.

B. 우리 말 문장을 스페인어로 작문 하시오.

1. 지금 몇 시쯤 됐을까? / 아마 오후 1시 반쯤 됐을 거야.

2. 여행객들은 지금쯤 아마 독도에 도착했을 거야.

3, 내일 올리브유 샘플 하나가 스페인에서 올 거야.

4. 오늘 오후 나는 친구들과 백화점에 갈 것이다.

5. 그녀는 자신의 외투를 옷장에 이미 넣었을 것이다.

6. 이 시간에는 도서관에 아무도 없을 거야.

7. 선생님은 내일 스페인어 작문 수업이 없을 거라고 말씀하신다.

8. 자동차 정비공은 내일 이 시간이면 자동차 수리가 끝나있을 거라고 말한다.

9. 조리사들은 파티가 시작되기 30분 전에 미리 음식을 준비해 놓을 것이다.

10. 다음 학기에는 문법 시험이 매우 쉬워질 것이다.

참고어휘

문법 시험: el examen de gramática
수리: la reparación
정비공: el mecánico
학기: el semestre
샘플: la muestra
여행객: el/la turista
조리사: el/la cocinero(a)

C. 우리 말 문장을 스페인어로 작문 하시오.

1. FTA 협상대표는 지금쯤 미국 워싱턴에 도착했을 것이다.

2. 나는 내년에 이 건물이 완공될 거라고 생각한다.

3. 대다수의 흡연자들은 담뱃값이 오르면 담배를 끊을 것이다.

4. 그 영화는 19세 미만의 청소년들에게는 금지되어 있다.

5. 이 식당의 음식은 이 지방에서 가장 맛있다.

6. 아나 마르티네스(Ana Martínez)는 올해 최악의 여배우로 선정되었다.

7. 우리는 학생들이 졸업할 즈음이면 모두 기본적인 통번역이 가능할 것이라고 확신한다.

8. 우리는 다음 주 화요일까지 모든 보고서들을 준비해 놓을 것이다.

9. 그에게 이미 소포가 도착했을까?

10. 교내 벽에 부착된 모든 광고물은 다음 주 목요일까지 제거될 것이다.

참고어휘

FTA: TLC (el Tratado de Libre Comercio)
광고물: el cartel publicitario
부착된: pegado(a)
통역: la interpretación
확신하다: asegurar, estar seguro(a) de~
번역: la traducción
지원자: el/la aspirante
협상: la negociación

Modelo de Producción
Escrita en Español:
Nivel Básico

La lección 14

14.1. 직설법 가정미래

14.2. 직설법 가정미래완료

14.3. 중성관사 lo와 중성대명사 lo

La lección 14

14.1. 직설법 가정미래

[규칙 변화]

hablar		comer		vivir	
hablaría	hablaríamos	comería	comeríamos	viviría	viviríamos
hablarías	hablaríais	comerías	comeríais	vivirías	viviríais
hablaría	hablarían	comería	comerían	viviría	vivirían

[불규칙 변화]

poner: pondría, pondrías, pondría, pondríamos, pondríais, pondrían

valer: valdría, valdrías, valdría, valdríamos, valdríais, valdrían

haber: habría, habrías, habría, habríamos, habríais, habrían

querer: querría, querrías, querría, querríamos, querríais, querrían

decir: diría, dirías, diría, diríamos, diríais, dirían

hacer: haría, harías, haría, haríamos, haríais, harían

14.2. 직설법 가정미래완료

직설법 가정미래완료는 「haber의 가정미래 + 과거분사」로 표현된다. 과거의 반대되는 상황을 가정하여 '~했을 텐데...'의 의미로 사용되기도 하고, 과거에 완료된 내용을 추측하기 위해 사용되기도 한다.

14.3. 중성관사 lo와 중성대명사 lo

중성 관사 lo를 형용사와 함께 써서 '~한 것'이라는 의미의 중성 명사구를 만든다.
중성대명사 lo는 앞의 문장이나 암묵적으로 상호간에 이미 알고 있는 내용을 대신하여 쓴다. ser나 estar 등과 함께 쓰인 주격보어를 성과 수에 관계없이 lo로 대체할 수 있다.

EX 14.1.

[문항]
페드로는 그것을 좀 더 깊게 생각해 보겠다고 말했다.

[작문]
Pedro dijo que lo pensaría más profundo.

[해설]
주절의 동사가 과거시제로 나타나는 이 문장에서는 주절의 주어가 말한 시점이 과거이며 따라서 과거에서 바라본 미래의 내용인 종속절의 동사가 가정미래로 표현되었다. 만약 "페드로는 그것을 더 깊게 생각해 보겠다고 말한다"라는 의미를 표현하는 경우는 Pedro dice que lo pensará más profundo로 쓸 수 있다.

[응용표현]
▶ 훌리아는 내년에 결혼할 것이라고 말했다.
Julia dijo que se casaría el año que viene.

▶ 그는 나에게 다시 전화하겠다고 약속했다.
Él me prometió que me volvería a llamar.

EX 14.2.

[문항]
나의 남편은 이번 주말에 집에 올 거라고 나에게 약속했다.

[작문]
Mi esposo me prometió que vendría a casa este fin de semana.

[해설]
과거의 시점에서 바라본 미래의 행위가 종속절에서 가정미래로 사용되고 있다. 한편 Mi esposo me prometió que venía a casa este fin de semana.처럼 종속절에 가정미래 대신 불완료 과거형을 사용하여 과거에서 바라본 미래의 행위를 나타내기도 한다.

[응용표현]
▶ 그녀는 나에게 다음날 그것을 할 것이라고 말했다.
Ella me dijo que lo haría/hacía al día siguiente.

▶ 그는 그들이 지하철을 타고 올 거라고 말했다.
Él dijo que ellos vendrían/venían en metro.

EX 14.3.

[문항]

어제 시청 광장에는 많은 사람들이 있었을 거야.

[작문]

Ayer habría mucha gente en la plaza del ayuntamiento.

[해설]

과거의 사실에 대해 추측하는 경우 가정미래가 사용된다. 위 문장의 habría는 "있었을 것이다"라는 의미로 과거의 사실을 추측하는데 쓰인 것이다.가정미래는 과거의 사실 뿐만 아니라 "현재나 미래의 추측"을 표현하고자 하는 경우에도 사용된다.

[응용표현]

- 사용자는 비용을 지불하지 않고 이 웹페이지에서 노래를 다운로드 할 수 없다/없을 것이다/없었을 것이다.
  Los usuarios no pueden/podrán/podrían bajar las canciones de esta página web sin abonar dinero.
- 오드리 헵번이 『로마의 휴일』에 출연했을 때 24살쯤 됐을 거야.
  Audrey Hepburn tendría 24 años cuando se presentó en *Vacaciones en Roma*.

EX 14.4.

[문항]

제가 창문을 열어도 될까요?

[작문]

¿No le molestaría si yo abro la ventana?

[해설]

가정미래형은 정중한 표현을 하고자 하는 경우 사용하기도 한다. 따라서 위에 제시된 문형 뿐만 아니라 ¿Podría abrir la ventana?와 같이 사용도 가능하다.

[응용표현]

- 저를 좀 도와주시겠습니까?
  ¿Podría usted ayudarme?
- 텔레비전 볼륨을 좀 낮춰줄 수 있겠니?
  ¿Te importaría bajar el volumen de la televisión?

EX 14.5.

[문항]

너와 함께 영화를 보러 가고는 싶은데 오늘 저녁 할 일이 많단다.

[작문]

Me gustaría ir al cine contigo, pero esta noche tengo mucho que hacer.

[해설]

현재 어떠한 행위를 이루지 못하는 데 따른 아쉬움을 표현하는 경우 가정미래를 사용한다. 과거의 시점에서 어떠한 행위를 이루지 못한 아쉬움을 나타내는 경우는 가정미래완료를 사용한다. 과거에 완료된 일을 추측하는 경우에도 가정미래완료형이 사용된다.

[응용표현]

▶ (그 당시) 테니스를 치고 싶었어.
Me habría gustado jugar al tenis (en aquel entonces).

▶ 어젯밤 그녀에게 전화를 했었지. 그런데 전화를 안 받더라고. 나갔었나봐.
La llamé por teléfono anoche pero no contestó. Habría salido.

EX 14.6.

[문항]

페드로는 나에게 그녀가 이미 그 소식을 알고 있었을 것이라고 말했다.

[작문]

Pedro me dijo que ella ya se habría dado cuenta de esa noticia.

[해설]

과거의 시점에서 바라본 미래의 완료행위나 상태를 표현하는 구문이다. 현재시점에서 바라본 미래완료는 주절의 동사가 현재로 나타나고 종속절의 동사가 미래완료로 사용되지만 주절의 동사가 과거시제로 사용되어 과거의 시점에서 바라본 미래의 완료행위나 상태를 표현하는 경우 종속절의 동사는 가정미래완료형이 사용된다. 한편 darse cuenta de는 관용어구로 "~을 알아차리다"라는 의미로 쓰이는 표현이다.

[응용표현]

▶ 우리는 조치를 취하기에는 이미 늦었을 것이라고 생각했다.
Pensábamos que ya habría sido tarde para tomar medidas.

▶ 페드로는 그녀가 이미 카를로스와 결혼했다고 믿고 고향을 떠났다.
Creyendo que ella ya se habría casado con Carlos, Pedro se alejó del pueblo natal.

EX 14.7.

[문항]

우리에게 중요한 것은 시간을 아끼는 것이다.

[작문]

Lo importante para nosotros es ahorrar tiempo.

[해설]

중성 관사 lo를 형용사와 함께 써서 '~한 것'이라는 의미의 중성 명사구를 만든다. 스페인어에는 중성 명사가 없으므로 중성관사는 명사와는 함께 쓰이지 못하고 형용사와 함께 쓰여 이를 명사화시킬 수 있다.

[응용표현]

▶ 그 노동자들은 필요한 모든 것을 했다.
Los obreros hicieron todo lo necesario.

▶ 그 디자이너는 하얀 것을 선호했다.
La modista prefirió lo blanco.

EX 14.8.

[문항]

내 강아지가 오늘 죽었어. / 안됐구나.

[작문]

Mi perro ha muerto hoy. / Lo siento.

[해설]

중성대명사 lo는 앞의 문장, 또는 암묵적으로 상호간에 이미 알고 있는 내용을 대신하여 쓴다. 그리고 ser나 estar 등과 함께 쓰인 주격보어를 성과 수에 관계없이 lo로 대체할 수 있다.

[응용표현]

▶ 너 그녀가 아프다는 거 아니? / 아니, 몰랐어.
¿Sabes que ella está enferma? / No lo sabía.

▶ 너는 스페인 사람이니? / 아니, 나 멕시코 사람이야.
¿Eres español? / No lo soy. Soy mexicano.

▶ 너희들 피곤하지 않니? / 응, 피곤하지 않아.
¿No estáis cansadas? / No, no lo estamos.

연습문제

A. 우리 말 문장에 따라 빈칸을 채우시오.

1. 그녀는 다음 주에 돌아오겠다고 나에게 약속했다.
   Ella me prometió que ______ la semana que viene.

2. 그는 다음 달에 멕시코로 떠날 것이라고 나에게 말했다.
   Él me dijo que ______ a México el mes que viene.

3. 그가 인터뷰에서 답변을 잘 했을까?
   ¿______ bien en la entrevista?

4. 후안이 내게 그 메일을 보낸 것은 새벽 4시쯤이었을 거야.
   ______ más o menos las cuatro de la madrugada cuando Juan me envió ese e-mail.

5. 너와 함께 가고는 싶은데, 오늘 오후에 할 일이 많아.
   Me ______ acompañarte, pero tengo mucho que hacer esta tarde.

6. 그 시간에 문을 두드린 것이 누구였을까?
   ¿Quién ______ el que llamó a la puerta a esa hora?

7. 선생님은 우리가 『돈키호테』를 읽었을 것이라고 생각했다.
   El profesor creyó que nosotros ______ *Don Quijote*.

8. 너와 생맥주 한 잔 하고 싶었었는데, 그때는 시간이 없었어.
   Me ______ tomar una caña contigo, pero no tuve tiempo en aquel entonces.

9. 나는 좋은 것에 대해서는 말할 수 있어도 나쁜 것은 말할 수 없어.
Puedo hablar de ______ bueno, no de ______ malo.

10. 그녀는 변호사니? / 응, 맞아.
¿Ella es abogada? / Sí, ______ es.

B. 우리 말 문장을 스페인어로 작문 하시오.

1. 내 생각에 이사벨은 시험에 통과할 것 같았어.

2. 레몬에이드 한잔 주시겠습니까?

3, 미국에 가고 싶지만 비자가 없어.

4. 우리가 도착했을 때는 그들이 식사를 다 마쳤겠지?

5. 그녀는 부자이지만 그렇게 보이지 않는다.

6. 내 사촌들을 데리러 가고 싶지만 그들은 우리 집에서 너무 먼 곳에 살아.

7. 내가 집에 도착했을 때는 밤 11시쯤 되었던 것 같다.

8. 엄마는 과일을 사러 과일가게에 갔었을 것이다.

9. 어제 축구경기장에는 사람들이 많이 있었을 거야.

10. 후안은 파리 행 비행기가 이미 출발했을 것이라고 나에게 말했다.

참고어휘

과일가게: la frutería
레몬에이드: la limonada
비자: el visado
축구경기장: el estadio de fútbol

C. 우리 말 문장을 스페인어로 작문 하시오.

1. 이 노트북 컴퓨터 가격을 알고 싶습니다.

2. 그들은 지진으로 도시가 완전히 파괴되었을 것이라고 생각했다.

3. 네게 저녁을 사고 싶었는데, 돈이 없었어.

4. 대다수의 전문가들은 금값이 오를 것이라고 예측했다.

5. 기상예보관은 내일 태풍이 한반도에 도달할 것으로 보도했다.

6. 살을 빼려면 지방을 덜 섭취해야 한다.

7. 배우에게 가장 중요한 것은 재능과 열정이다.

8. 장애우들이 원하는 것은 엘리베이터를 건물에 설치하는 것이다.

9. 자동차 급발진은 페달의 결함과 관련이 있을 수 있다.

10. 내년 10월이면 전체적인 세제 개혁이 마무리될 것이라고 재정부 장관이 지난 주에 발표했다.

참고어휘

급발진: la aceleración repentina
기상예보관: el/la meteorólogo(a)
세제 개혁: la reforma fiscal
엘리베이터: el ascensor
열정: la pasión
장애우: el/la minusválido(a), discapacitado(a)
재능: el talento
전문가: el/la experto(a), especialista
지방: la grasa
지진: el terremoto
태풍: el tifón
페달: el pedal

Nota

Modelo de Producción
Escrita en Español:
Nivel Básico
monex

La lección 15

15.1. 접속법 현재 (동사변화)

15.2. 접속법 현재 (명사절)

La lección 15

15.1. 접속법 현재 (동사변화)

[규칙 변화]

hablar		comer		vivir	
hable	hablemos	coma	comamos	viva	vivamos
hables	habléis	comas	comáis	vivas	viváis
hable	hablen	coma	coman	viva	vivan

[불규칙 변화]

1) 직설법 현재 1인칭 단수와 어간이 동일한 것들

conocer (conozco): conozca, conozcas, conozca, conozcamos, conozcáis, conozcan

decir (digo): diga, digas, diga, digamos, digáis, digan

dormir (duermo): duerma, duermas, duerma, durmamos, durmáis, duerman

hacer (hago): haga, hagas, haga, hagamos, hagáis, hagan

morir (muero): muera, mueras, muera, muramos, muráis, mueran pedir (pido): pida, pidas, pida, pidamos, pidáis, pidan

poder (puedo): pueda, puedas, pueda, podamos, podáis, puedan

poner (pongo): ponga, pongas, ponga, pongamos, pongáis, pongan

querer (quiero): quiera, quieras, quiera, queramos, queráis, quieran

salir (salgo): salga, salgas, salga, salgamos, salgáis, salgan

seguir (sigo): siga, sigas, siga, sigamos, sigáis, sigan

sentir (siento): sienta, sientas, sienta, sintamos, sintáis, sientan

servir (sirvo): sirva, sirvas, sirva, sirvamos, sirváis, sirvan

tener (tengo): tenga, tengas, tenga, tengamos, tengáis, tengan

venir (vengo): venga, vengas, venga, vengamos, vengáis, vengan

2) 기타 불규칙형

dar (doy): dé, des, dé, demos, deis, den

estar (estoy): esté, estés, esté, estemos, estéis, estén

haber (he): haya, hayas, haya, hayamos, hayáis, hayan

ir (voy): vaya, vayas, vaya, vayamos, vayáis, vayan

saber (sé): sepa, sepas, sepa, sepamos, sepáis, sepan

ser (soy): sea, seas, sea, seamos, seáis, sean

15.2. 접속법 현재 (명사절)

주절의 동사가 의미상 접속법을 요구하고 시제가 현재인 경우, 종속절의 동사는 접속법을 쓴다. 명사절은 '목적어 기능 명사절'과 '주어 기능 명사절'로 나뉜다.

EX 15.1.

[문항]
나는 네가 지금 출발하기를 바란다.

[작문]
Espero que te marches ahora.

[해설]
주절의 동사가 '희망'이나 '의심'을 나타내는 경우에 종속절의 동사는 접속법을 사용한다.

[응용표현]
- 나는 그들이 제 시간에 도착하기를 원한다.
  Deseo que lleguen ellos a tiempo.
- 나는 그녀가 멕시코 사람이라고는 믿지 않는다.
  No creo que ella sea mexicana.
- 마리아는 우리들이 그 계좌에 돈이 있다는 것을 의심한다.
  María duda que nosotros tengamos dinero en esa cuenta.

EX 15.2.

[문항]
우리는 마리벨에게 지금 당장 그것을 돌려달라고 부탁한다.

[작문]
Le pedimos a Maribel que nos lo devuelva ahora mismo.

[해설]
주절의 동사가 '부탁'이나 '명령', '금지'의 의미일 때 종속절의 동사는 접속법을 사용한다.

[응용표현]
- 어머니께서는 내게 집에 일찍 돌아오라고 부탁하신다.
  Mi madre me pide que vuelva a casa pronto.
- 그녀는 책을 큰소리로 읽으라고 내게 말한다.
  Ella me dice que lea el libro en voz alta.
- 선생님은 학생들이 학교에서 담배 피우는 것을 금하신다.
  El profesor les prohíbe a sus alumnos que fumen en la escuela.

EX 15.3.

[문항]

우리는 파블로에게 지금 당장 그것을 하라고 명령한다.

[작문]

Le mandamos a Pablo hacerlo ahora mismo.

[해설]

「부탁/권고, 사역(使役)/명령, 금지/허용」의 의미를 갖는 동사들은 종속절의 주어를 간접목적격 형태로, 동사를 부정사 형태로 취할 수 있다. 그러나 동사 decir는 부정사를 목적어로 취하지 않는다.

[응용표현]

▶ 어머니께서는 내게 집에 일찍 돌아오라고 부탁하신다.
Mi madre me pide volver a casa pronto.

▶ 그녀는 우리에게 각 예문을 5번씩 쓰라고 시킨다.
Ella nos hace escribir cada ejemplo cinco veces.

▶ 선생님은 학생들이 학교에서 담배피우는 것을 금하신다.
El profesor les prohíbe a los alumnos fumar en la escuela.

EX 15.4.

[문항]

나는 네가 장학금을 받는 것이 기쁘다.

[작문]

Me alegro de que recibas la beca.

[해설]

주절의 동사가 alegrarse de~와 같이 화자의 주관적 감정을 나타내는 경우에 종속절의 동사는 접속법을 사용한다.

[응용표현]

▶ 나는 네가 시험에 합격하지 못할까봐 두렵다.
Temo que no apruebes el examen.

▶ 우리는 네가 여기 우리와 함께 있지 못해 매우 유감이다.
Sentimos mucho que no estés aquí con nosotros.

▶ 나는 직장에서 쫓겨날까봐 두렵다.
Tengo miedo de que me echen del trabajo.

EX 15.5.

[문항]

내일 눈이 오길!

[작문]

¡Ojalá nieve mañana!

[해설]

「기원(祈願)」이나 「추측」을 나타내는 부사와 함께 독립절에서 접속법 동사가 쓰이기도 한다. ojalá 뒤에 que가 쓰이기도 한다. ojalá는 항상 접속법과 사용되지만, quizá나 tal vez 다음에는 직설법이 올 수도 있다.

[응용표현]

▶ 아마 네 말이 맞을 거야.
Quizá tengas/tienes razón.

▶ 아마 그녀는 내게 동의할 거야.
Tal vez ella esté/está de acuerdo conmigo.

▶ 내가 복권이 당첨되길.
¡Ojalá me toque la lotería!

EX 15.6.

[문항]

우리가 다음 달에 칠레를 여행하는 것이 가능하다.

[작문]

Es posible que viajemos por Chile el mes que viene.

[해설]

「Es + 형용사 + que」 구조의 비인칭 구문에서 ser 동사 뒤에 오는 형용사가 가능성, 필요성 또는 중요성의 여부를 표현하고자 하는 경우 종속절의 동사는 접속법을 사용한다.

[응용표현]

▶ 우리가 제 시간에 수업에 도착하는 것은 불가능하다.
Es imposible que lleguemos a tiempo a la clase.

▶ 우리가 연회에 들어가기 위해서는 초대장을 가져가는 것이 필요하다.
Es necesario que llevemos la invitación para entrar en el banquete.

▶ 우리는 대학교에서 많은 책을 읽는 것이 중요하다.
Es importante que leamos muchos libros en la universidad.

EX 15.7.

[문항]
너는 하루에 몇 시간씩 더 공부하는 것이 좋다.

[작문]
Es mejor que estudies unas horas más al día.

[해설]
「Es + 형용사 + que」 구조의 비인칭 구문에서 ser 동사 뒤에 오는 형용사가 '선호, 의심, 용이성' 등의 의미일 때는 종속절의 동사가 접속법이 사용된다.

[응용표현]
▶ 네가 복습을 하지 않고 좋은 학점을 얻을 수 있을지 의심스럽다.
Es dudoso que puedas sacar buena nota sin repasar.
▶ 정부가 그 문제를 해결하는 것은 쉽다.
Es fácil que el gobierno resuelva el problema.
▶ 우리는 지하철 노선표 없이 환승하기 어렵다.
Es difícil que hagamos transbordo entre líneas sin el plano del metro.

EX 15.8.

[문항]
나는 그들이 무례하게 말하는 것이 마음에 안 든다.

[작문]
No me gusta que ellos hablen sin cortesía.

[해설]
감정을 나타내는 동사들 중에 gustar처럼 감정을 갖는 주체가 간접목적격으로 나타나는 경우가 있다. 이들 경우 역시 que가 이끄는 절은 접속법을 취한다.

[응용표현]
▶ 네가 내일 회의에 참석하는 것은 내게 매우 중요하다.
Me importa mucho que asistas a la reunión mañana.
▶ 나는 알레한드로가 우리 회사에서 일하는 것이 싫다.
No me gusta que Alejandro trabaje en nuestra empresa.
▶ 펠리페는 우리가 저녁을 일찍 먹는 것에 놀란다.
A Felipe le asombra que cenemos pronto.

연습문제

A. 우리 말 문장에 따라 빈칸을 채우시오.

1. 나는 내 딸이 외교관이 되었으면 좋겠다.
   Espero que __________ diplomática.
2. 네가 내 생일에 못 온다니 유감이야.
   Siento que no __________ venir a la fiesta de mi cumpleaños.
3. 정부는 일부 산에서의 멧돼지 사냥을 허용한다.
   El gobierno permite que __________ jabalíes en algunas montañas.
4. 너희들이 더 노력하는 것이 중요하다.
   Es importante que __________ más.
5. 선생님은 학생들이 수업 시간에 교실에서 휴대전화기를 사용하는 것을 금지하신다.
   El profesor les prohíbe a los alumnos que __________ el celular en la clase.
6. 나는 그가 우리 대화에 끼어드는 것이 맘에 안 든다.
   No me gusta que él __________ en nuestro diálogo.
7. 내일은 아마 추울 거야.
   Quizá __________ frío mañana.
8. 그녀는 남편에게 담배를 피우지 말라고 부탁한다.
   Ella le pide a su marido que no __________.

9. 장군은 병사들에게 후퇴하라고 명령한다.
El general les manda a los soldados que ______________.

10. 대통령이 스페인어의 중요성을 깨닫는 것이 필요하다.
Es necesario que el presidente del gobierno ______________ de la importancia del español.

B. 우리 말 문장을 스페인어로 작문 하시오.

1. 나는 그녀가 야유회에 참석하지 않는다는 것을 믿지 못하겠다.

2. 경찰관은 우리에게 속도를 줄이라고 충고한다.

3. 경비원은 관광객들에게 잔디를 밟지 말라고 요구한다.

4. 너는 그가 요트를 갖고 있다는 것을 믿니?

5. 아마 그녀도 우리 의견에 동의할 거야.

6. 비가 올지 모르니 너는 우산을 가져가는 게 좋을 거야.

7. 그가 운전면허를 딴다니 기쁘다.

8. 내일 해가 쨍쨍 나기를!

9. 저 노래가 나의 이 외로움을 달래주기를!

10. 너는 차를 한 대 사는 것이 필요할 것이다.

참고어휘

경비원: el/ la guardia	달래다: consolar
밟다: pisar	속도: la velocidad
야유회: la excursión	외로움: la soledad
요트: el yate	운전면허를 따다: sacar el carné de conducir
잔디: el césped	혹시 ~일지 모르니: por si acaso

C. 우리 말 문장을 스페인어로 작문 하시오.

1. 우리가 원하는 직업을 얻기 위해 미래를 준비하는 것은 매우 중요하다.

2. 너희들이 노력 없이 스페인어를 정복하는 것은 불가능하다.

3. 시청은 허가 없이 광장에서 집회하는 것을 금지한다.

4. 국립공원에서 그 많은 나무들을 베어버린다니 유감이다.

5. 그녀가 다음 달에 결혼한다는 것은 확실치 않다.

6. 노조는 회사가 임금인상에 동의하기를 바란다.

7. 유치원에서 선생님들은 아이들이 혼자서 엘리베이터를 이용하는 것을 허용하지 않는다.

8. 세관원이 검색을 위해 나의 가방을 검색대에 올려놓으라고 요구한다.

9. 경찰은 범인들에게 움직이지 말라고 명령한다.

10. 의사들은 부모들에게 야외에서는 반드시 아이들에게도 자외선 차단제를 발라주라고 조언한다.

참고어휘

검색대: el mostrador
노조: el sindicato
야외에서: al aire libre
임금인상: el aumento de salario
노조: el sindicato
세관원: el/la aduanero(a)
유치원: la guardería
자외선 차단제: protector de rayos ultra

Modelo de Producción
Escrita en Español:
Nivel Básico

La lección 16

16.1. 접속법 현재 (형용사절)

16.2. 접속법 현재 (부사절)

La lección 16

16.1. 접속법 현재 (형용사절)

관계대명사를 이용하여 선행사를 수식하는 형용사절에서 선행사가 '불확실, 부정(不定)'의 의미를 내포하고 있을 때 접속법이 쓰인다. 선행사로 기능하는 주절동사의 목적어가 사람이더라도 구체적인 대상이 아니면 전치사 a를 동반하지 않는다.

16.2. 접속법 현재 (부사절)

부사절의 내용이 주절에 비해 아직 실현되지 않은 경우 접속법이 사용된다. 그러나 부사절의 내용이 아직 실현되지 않았더라도 늘 일어나는 일이라면 직설법을 쓴다. 명사절에서는 주절의 주어와 종속절의 주어가 달라야 하지만 부사절에서는 동일할 때에도 쓰인다.

다음은 부사절을 이끄는 접속사들이다.

1) 시간: cuando, mientras, antes de que, después de que, hasta que, tan pronto como, en cuanto, siempre que

2) 목적: para que, a que, a fin de que, de modo que, de manera que

3) 조건: a menos que, a no ser que, con tal de que

4) 방법, 양태(樣態): como, sin que

5) 양보: aunque, a pesar de que, por muy/más + 형용사/부사 + que, por mucho + 명사 + que

EX 16.1.

[문항]
나는 영어를 잘하는 학생을 한 명 찾고 있다.

[작문]
Busco un estudiante que hable bien inglés.

[해설]
선행사가 「불확실, 부정(不定)」의 의미를 내포하고 있을 때 접속법이 쓰인다. 사람이 목적어로 쓰이더라도 구체적인 대상이 아니면 전치사 a를 동반하지 않는다.

[응용표현]
- 마리아를 알고 있는 사람 누구 있습니까?
  ¿Hay alguien que conozca a María?
- 나는 그 주제를 다루고 있는 책을 한 권도 갖고 있지 않다.
  No tengo ningún libro que trate de ese tema.
- 여기서 그것을 할 수 있는 사람은 아무도 없다.
  Aquí no hay nadie que pueda hacerlo.

EX 16.2.

[문항]
내가 집에 도착하면 네게 전화할게.

[작문]
Te llamaré cuando llegue a casa.

[해설]
주절의 내용이 아직 실현되지 않은 경우에 '시간'을 나타내는 접속사가 이끄는 부사절에서는 접속법이 쓰인다. 다음은 시간의 부사절을 이끄는 접속사들이다: cuando, mientras, antes de que, después de que, hasta que, tan pronto como, en cuanto, siempre que.

[응용표현]
- 너희들은 시간 날 때면 언제든지 내 연구실에 들러도 좋다.
  Siempre que estéis libres, podéis pasar por mi despacho.
- 영화가 끝나기 전에 나는 영화관에서 나갈 것이다.
  Antes de que termine la película, saldré del cine.
- 네가 도착하자마자, 나는 네게 그 책을 돌려줄 것이다.
  Tan pronto como llegues, te devolveré ese libro.

EX 16.3.

[문항]
그는 집에 도착했을 때 나에게 전화했다.

[작문]
Él me llamó por teléfono cuando llegó a casa.

[해설]
'시간'을 나타내는 접속사가 쓰이는 경우에도 이미 완료된 상황을 나타내거나 늘 일어나는 일을 나타내는 경우에는 직설법을 쓴다.

[응용표현]
- 그는 모르는 것이 나오면 항상 내게 질문한다.
  Siempre que se le surge algo que no sabe, me lo pregunta.
- 그가 TV를 보고 있는 동안 그녀는 설거지를 한다.
  Mientras él ve la televisión, ella friega los platos.
- 그가 도착하자마자, 나는 그에게 열쇠를 돌려주었다.
  Tan pronto como llegó él, le devolví la llave.

EX 16.4.

[문항]
그의 부모님은 스페인어를 더 공부하도록 그를 스페인에 보낸다.

[작문]
Sus padres lo mandan a España para que estudie más español.

[해설]
주절의 내용이 아직 실현되지 않은 경우에 '목적'을 나타내는 접속사가 이끄는 부사절에서는 접속법이 쓰인다. 다음은 부사절을 이끄는 접속사이다: para que, a que, a fin de que, de modo que, de manera que. 이 접속사들은 그 의미상 ('~하기 위하여') 는 아직 실현되지 않은 일만을 언급하므로 항상 접속법이 요구된다.
de modo que와 de manera que가 직설법 동사를 이끌 때는 앞에 쉼표(coma)를 동반하며, '그러므로', '따라서' 등으로 해석되는 귀결 접속사로 사용된다.

[응용표현]
- 그들은 길거리의 소음이 들리지 않게 하기 위해 창문들을 닫았다.
  Han cerrado las ventanas a fin de que no se oigan los ruidos de la calle.
- 나는 학생들이 그것을 잘 이해할 수 있도록 자세히 설명한다.
  Lo explico con detalle de modo que los alumnos lo entiendan bien.
- 나는 그에게 모두 말해 주었고, 따라서 그는 상황을 제대로 잘 이해하고 있다.
  Le dije todo a él, de modo que entiende bien la situación.

EX 16.5.

[문항]
당신이 허락하지 않으면 우리는 그것을 하지 않을 것이다.

[작문]

No lo haremos a menos que nos lo permita Ud.

[해설]
a menos que는 a no ser que와 마찬가지로 그 자체로 부정(否定)의 의미를 내포하고 있으므로 별도로 부정어(no)가 필요하지 않으며 부사절에서는 접속법이 쓰인다. con tal de que도 접속법을 요구하지만 부정의 경우에는 부정어(no)를 동반한다. si는 미래에 일어날 일을 가정한다 해도 직설법을 사용한다.

[응용표현]
- 나는 급한 일이 생기지 않는다면 오늘 밤에 오겠다.
  Vendré esta noche a no ser que surja un asunto urgente.
- 당신이 허락한다면 우리는 그것을 할 것이다.
  Lo haremos con tal de que nos lo permita Ud.
- 당신이 허락한다면 우리는 그것을 할 것이다.
  Si nos permite Ud., lo haremos.

EX 16.6.

[문항]
우리는 우리가 원하는 방식으로 살 것이다.

[작문]

Viviremos como queramos nosotros.

[해설]
방법 혹은 양태(樣態)와 관련된 como 그리고 sin que의 용법에 주의가 요구된다. como가 '~하는 대로'라는 방법의 의미로 쓰인다 해도 모두 접속법이 요구되는 것은 아니다. 기정사실화되어 있는 이유, 원인을 표현하는 접속사(porque, como, ya que, puesto que, dado que)가 사용될 때도 직설법이 사용된다.

[응용표현]
- 우리는 엄마에게 들키지 않고 집을 나간다.
  Salimos de casa sin que mamá nos vea.
- 너는 내가 네게 말하는 대로 그것을 해야 한다.
  Tienes que hacerlo como te digo yo.
- 나는 초대장을 받지 못했으므로 예식에 참석하지 않았다.
  Como no recibí la invitación, no participé en la ceremonia.

EX 16.7.

[문항]
비록 내일 비가 온다 할지라도 우리는 소풍을 갈 것이다.

[작문]
Aunque llueva mañana, iremos de picnic.

[해설]
양보의 접속사로는 aunque, a pesar de que, por muy/más + 형용사/부사 + que, por mucho + 명사 + que 등이 있다. 미래의 일이나 불확실한 상황을 기술할 때는 접속법을 요구하지만, 현재나 과거의 확실한 일을 기술하는 경우에는 직설법을 요구한다.

[응용표현]
- 네가 아무리 부자라 할지라도 그 차를 살 수는 없다.
  Por más rico que seas, no puedes comprar ese coche.
- 우리는 아무리 많은 어려움에 직면한다 할지라도 포기하지 않을 것이다.
  Por muchas dificultades que afrontemos, no lo dejaremos.
- 선생님이 아무리 빨리 말씀하신다 할지라도 너는 그가 말하는 모든 것을 이해해야 한다.
  Por muy rápido que hable el profesor, tienes que comprender todo lo que dice.

EX 16.8.

[문항]
무엇이든 간에, 그녀는 미스 베네수엘라이다.

[작문]
Sea lo que sea, ella es Miss Venezuela.

[해설]
접속사를 이용하여 양보의 부사절을 사용하지만 관용적으로 Sea lo que sea처럼 부사절을 만들기도 한다.

[응용표현]
- 무슨 일이 일어나든 간에, 나는 네 곁에 있을 것이다.
  Pase lo que pase, estaré a tu lado.
- 그들이 무슨 말을 하든지 간에, 그는 무죄이다.
  Digan lo que digan, él es inocente.
- 그들이 무엇을 하든지 간에, 민중은 승리할 것이다.
  Hagan lo que hagan, el pueblo triunfará.

연습문제

A. 우리 말 문장에 따라 빈칸을 채우시오.

1. 네가 TV를 보고 있는 동안 나는 쇼핑을 갈 것이다.
   Iré de compras, mientras ________ la televisión.
2. 나는 그녀가 받을 때까지 전화를 끊지 않겠다.
   No colgaré el teléfono hasta que ________ ella.
3. 우리 오늘 오후에 뭐 할까? / 네가 원하는 대로.
   ¿Qué hacemos esta tarde? / Como tú ________.
4. 네가 무엇을 하든지, 우리는 네 편이 될 것이다.
   ________ lo que hagas, estaremos de tu lado.
5. 그가 아무리 부자라 할지라도 내 마음에는 안 든다.
   Por más rico que ________ él, no me cae bien.
6. 네가 아무리 책이 많아도 읽지 않으면 아무런 소용이 없다.
   Por más libros que ________, no sirve para nada si no los lees.
7. 정부는 기업들이 젊은이들을 더 많이 고용할 수 있도록 여러 대책을 마련해야 한다.
   El gobierno debe tomar varias medidas para que las empresas ________ emplear a más jóvenes.
8. 그녀는 교수님께 들키지 않고 커닝한다.
   Ella hace chuletas sin que la ________ el profesor.

9. 나는 부모님께서 허락하지 않으시면 아르바이트 자리를 구하지 않을 것이다.

No voy a buscar un trabajo de tiempo parcial a no ser que me lo ______ mis padres.

10. 내일 지구의 종말이 온다 할지라도 나는 오늘 내 과수원에 사과나무를 심겠다.

Aunque el final del mundo ______ mañana, hoy plantaré manzanos en mi huerto.

B. 우리 말 문상을 스페인어로 작문 하시오.

1. 그 학생은 아무리 가난하다 할지라도 장학금을 신청할 수는 없다.

2. 네가 아무리 돈이 많아도 쓰지 않으면 아무런 소용이 없다.

3. 학생들은 선생님께 들키지 않고 조용하게 복도를 지나간다.

4. 남편이 감사껍실을 벗기는 동안 부인은 당근을 씻을 것이다.

5. 무엇이든 간에, 그것은 우리 학교에게 필수불가결한 요소이다.

6. 우리들이 무엇을 먹든지 간에, 돈은 사장님이 낼 것이다.

7. 비록 내일 비가 올지라도 우리는 산으로 캠핑을 갈 것이다.

8. 직원들은 사장이 명령하는 대로 임무를 완수해야 한다.

9. 그 와인이 아무리 비싸다 할지라도 내 입맛에는 맞지 않다.

10. 정부는 예산이 소진될 때까지 노인들에게 연금을 지급하고자 한다.

참고어휘

(껍질을) 벗기다: pelar
아무런 소용이 없다: no servir para nada
예산: el presupuesto
장학금: la beca
필수불가결한: indispensable, imprescindible
소진하다: agotar
연금: la pensión
완수하다: cumplir
캠핑을 가다: ir de acampada

C. 우리 말 문장을 스페인어로 작문 하시오.

1. 그는 열쇠를 받지 못했기 때문에 그 방에 들어갈 수 없었다.

2. 마르타(Marta)는 특별한 일이 생기지 않는다면 오늘 밤에 귀국할 것이다.

3. 라면의 가격이 아무리 비싸다 할지라도 소비자들은 라면을 구매할 것이다.

4. 휴대전화기가 통화권역 밖에 있으면 통화를 할 수 없습니다.

5. 그들은 햇빛이 창문으로 들어오지 않게 하기 위해 커튼을 친다.

6. 비록 그 공연이 취소될 지라도 우리는 그 공연 티켓을 사겠다.

7. 책이 출판되기 전에 교정을 최소한 5번 이상은 해야 할 것이다.

8. 정부 허가가 없는 한 이 식품은 시장에 다시 유통될 수 없다.

9. 자동차 정비소에서 제동장치를 고쳤으므로 이제 주행에는 문제가 없을 것이다.

10. 어제 부동산 사무소에서 아무런 언급이 없었으므로, 우리가 사려고 하는 집은 아무 문제가 없을 것이다.

참고어휘

공연: la función
교정하다: corregir
라면: el fideo instantáneo
부동산 사무소: la agencia inmobiliaria
소비자: el/la consumidor(a)
유통시키다: distribuir
제동장치: el aparato de freno, el aparato para frenar
커튼을 치다: correr la cortina
통화권역: la cobertura

Modelo de Producción Escrita en Español: Nivel Básico

La lección 17

17.1. 명령법

17.2. 명령법에서의 목적대명사의 위치

La lección 17

17.1. 명령법

1) 1인칭 복수 명령

'우리 ~합시다'라는 의미의 청유형이 된다. 긍정, 부정 모두 접속법 형태를 쓴다.

Hablemos	No hablemos
Comamos	No comamos
Vivamos	No vivamos

2) 2인칭 명령

단수(tú)의 긍정명령형은 일부 불규칙을 제외하고는 직설법 현재 3인칭 단수와 동일하며, 부정명령형은 접속법 형태를 쓴다. 복수(vosotros)의 긍정형은 「어간 + d」를 쓰며, 부정형은 접속법 형태를 쓴다.

[규칙형]

Habla	No hables	Hablad	No habléis
Come	No comas	Comed	No comáis
Vive	No vivas	Vivid	No viváis

[불규칙형]

dar:	Da	No des	Dad	No deis
decir:	Di	No digas	Decid	No digáis
hacer:	Haz	No hagas	Haced	No hagáis
ir:	Ve	No vayas	Id	No vayáis
poner:	Pon	No pongas	Poned	No pongáis
salir:	Sal	No salgas	Salid	No salgáis
ser:	Sé	No seas	Sed	No seáis
tener:	Ten	No tengas	Tened	No tengáis
venir:	Ven	No vengas	Venid	No vengáis

3) 3인칭 명령: 접속법 현재 3인칭과 동일한 형태가 사용된다.

	[Ud.]		[Uds.]	
hablar:	Hable	No hable	Hablen	No hablen
comer:	Coma	No coma	Coman	No coman
vivir:	Viva	No viva	Vivan	No vivan
dar:	Dé	No dé	Den	No den
decir:	Diga	No diga	Digan	No digan
hacer:	Haga	No haga	Hagan	No hagan
ir:	Vaya	No vaya	Vayan	No vayan
poner:	Ponga	No ponga	Pongan	No pongan
salir:	Salga	No salga	Salgan	No salgan
ser:	Sea	No sea	Sean	No sean
tener:	Tenga	No tenga	Tengan	No tengan
venir:	Venga	No venga	Vengan	No vengan

4) 직설법 미래는 비교적 강한 명령을 나타내며, 부정사는 불특정 다수를 대상으로 하는 명령을 나타낸다.

17.2. 명령법에서의 목적대명사의 위치

1) 긍정형에서는 동사 뒤에 붙고 부정형에서는 부정어(no)와 동사 사이에 위치한다. 따라서 긍정형에서 목적대명사가 붙음으로써 동사 본래의 강세 위치가 변할 우려가 있을 때에는 반드시 본래의 위치에 표시해 주어야 한다. 재귀동사의 경우에도 대명사의 위치는 이와 동일하다.

[긍정]		[부정]
Ábrela.	→	No la abras.
Abridla.	→	No la abráis.
Ábrala.	→	No la abra.
Ábranla.	→	No la abran.
Siéntate.	→	No te sientes.
Sentaos.	→	No os sentéis.
Siéntese.	→	No se siente.
Siéntense.	→	No se sienten.
Sentémonos.	→	No nos sentemos.

Vete.	→	No te vayas.
Idos.	→	No os vayáis.
Váyase.	→	No se vaya.
Váyanse.	→	No se vayan.
Vayámonos.	→	No nos vayamos.

2) 재귀동사 2인칭 복수(vosotros)에서는 대부분 발음상의 편의를 위해 -d가 생략된다.

(Levantad+os)	→	Levantaos.
(Quedad+os)	→	Quedaos.
(Sentad+os)	→	Sentaos.

단 ir동사는 Ios가 아니라 Idos이다.

3) 1인칭 복수(nosotros)에서도 역시 발음상의 편의를 위해 -s가 생략된다.

(Levantemos+nos)	→	Levantémonos.
(Sentemos+nos)	→	Sentémonos.
(Vayamos+nos)	→	Vayámonos.

ir동사의 청유형으로는 vamos와 vámonos도 쓰인다.

EX 17.1.

[문항]
우리 저 식당에서 같이 먹읍시다.

[작문]
Comamos juntos en aquel restaurante.

[해설]
1인칭 단수(yo)에 대한 명령은 존재하지 않으며, 복수(nosotros)에 대한 명령은 '우리 ~합시다'라는 의미의 청유형이다. 긍정, 부정 모두 접속법 형태를 쓴다.

[응용표현]
- 그것에 대해 이야기 합시다.
  Hablemos de eso.
- 열심히 공부합시다.
  Estudiemos con ahínco.
- 회의를 2시에 시작합시다.
  Empecemos la reunión a las dos.

EX 17.2.

[문항]
너는 인내심을 가져라.

[작문]
Ten paciencia.

[해설]
2인칭 단수(tú)의 긍정명령형은 일부 불규칙형을 제외하고는 직설법 현재 3인칭 단수와 동일하다. 복수(vosotros)의 긍정명령형은「어간+d」형태를 쓴다.

[응용표현]
- 너는 그것을 책상 위에 놓아라. / Ponlo sobre la mesa.
- 너는 여기서 나가라. / Sal de aquí.
- 너희들은 가능한 한 빨리 그 일을 끝마쳐라.
  Terminad ese trabajo lo antes posible.

EX 17.3.

[문항]

너는 그것을 하지 마라.

[작문]

No lo hagas.

[해설]

2인칭 단수(tú)와 복수(vosotros)의 부정명령형은 접속법 형태를 쓴다.

[응용표현]

- 너는 그것을 책상 위에 놓지 마라.
  No lo pongas sobre la mesa.
- 너는 여기서 나가지 마라.
  No salgas de aquí.
- 너희들은 바닥을 더럽히지 마라.
  No ensuciéis el suelo.

EX 17.4.

[문항]

내일까지 제게 책을 돌려주세요.

[작문]

Devuélvame el libro para mañana.

[해설]

Ud.에 대한 명령형 구문이다. 간접목적격 대명사와 직접목적어가 동시에 나타나는 경우에는 간접목적격 대명사를 긍정명령형 동사 뒤에 붙여서 쓰며, 강세의 위치에 주의해야 한다.

[응용표현]

- 에밀리오의 메일을 빨리 읽어보세요.
  Lea pronto el e-mail de Emilio.
- 당신들은 벽보를 모두 제거하시오.
  Quiten todos los carteles.
- 거울은 여기에 달아주세요.
  Cuelgue aquí el espejo.

EX 17.5.

[문항]
너희들은 그것을 먹지 마라.

[작문]
No lo comáis.

[해설]
긍정명령형에서는 목적대명사가 동사 뒤에 붙고 부정명령형에서는 부정어(no)와 동사명령형 사이에 위치한다. 따라서 긍정명령형에서 목적대명사가 붙음으로써 동사 본래의 강세 위치가 변할 우려가 있을 때에는 반드시 본래의 위치에 강세를 표시해 주어야 한다. 재귀동사의 경우에도 대명사의 위치는 이와 동일하다.

[응용표현]
- 너는 내게 그것을 말해라. / Dímelo.
- 너는 그것을 그에게 주지 마라. / No se lo des.
- 여기 앉으세요. / Siéntese aquí.

EX 17.6.

[문항]
너희들은 거기에 머물러라.

[작문]
Quedaos allí.

[해설]
재귀동사 2인칭 복수(vosotros)에서는 대부분 발음상의 편의를 위해 -d가 생략된다. 그러나 ir동사의 명령형은 Idos임을 주의해야 한다. 1인칭 복수(nosotros)에서도 역시 발음상의 편의를 위해 -s가 생략되는 것도 주의해야 한다.

[응용표현]
- 너희들 일어나라. / Levantaos.
- 너희들 저 벤치에 앉아라. / Sentaos en aquel banquillo.
- 우리 이제 일어납시다. / Levantémonos ahora.

EX 17.7.

[문항]
이제 어제 밤에 어디에 있었는지 내게 말해라.

[작문]
Ahora me dirás dónde estuviste anoche.

[해설]
직설법 미래는 비교적 강한 명령을 표현한다.

[응용표현]
- 오늘 밤에 안 나갈 거지, 그렇지?
  No saldrás esta noche, ¿no?
- 더 이상 초콜릿을 먹지마라.
  No comerás más chocolate.
- 너희들 내일 파티에 올 거지, 그렇지?
  Vendréis mañana a la fiesta, ¿verdad?

EX 17.8.

[문항]
여기서 담배 피우지 마시오.

[작문]
No fumar aquí.

[해설]
동사원형은 불특정 다수를 대상으로 하는 명령을 나타낸다. 공공장소의 홍보용 문구에서 볼 수 있다.

[응용표현]
- 여기에 벽보를 붙이지 마시오.
  No pegar carteles aquí.
- 잔디를 밟지 마시오.
  No pisar el césped.
- 모직의류 세탁 시 뜨거운 물을 사용하지 마시오.
  No utilizar el agua caliente al lavar ropa de lana.

연습문제

A. 우리 말 문장에 따라 빈칸을 채우시오.

1. 자거라.
   A ______ .

2. (너는) 지금 당장 숙제를 해라.
   ______ la tarea ahora mismo.

3. (너는) 그녀에게 그것을 말하지 마라.
   No se lo ______ a ella.

4. (너는) 지금은 시험만 생각해라.
   Ahora ______ solo en el examen.

5. 들어가지 마시오.
   No ______.

6. (당신들은) 우리와 연락을 유지하시오.
   ______ el contacto con nosotros.

7. (너는) 거기 앉아라.
   ______ allí.

8. (너희들은) 가지 마라.
   No ______.

9. (너희들은) 조용히 해라.
   ______.

10. (너) 꺼져라.
    ______ de aquí.

B. 우리 말 문장을 스페인어로 작문 하시오.

1. 이 책을 읽고 내용을 요약해라.

2. 지금 당장 떠나지 말고, 조금만 더 기다려 봅시다.

3. 너 왜 빨리 병원에 안 가니?

4. 너 더 이상 그녀와 만나지 않을 거지, 그렇지?

5. (너는) 아무 때나 네가 원하는 때에 우리 집에 와라.

6. (너희들은) 그녀가 도착하면 내게 전화해라.

7. 이 재킷 한 번 입어봐. 네게 어울릴 것 같아.

8. (너희들은) 오늘은 집 밖에 나가지 말고, 방들을 깨끗이 청소해라.

9. 들어오셔서 거기 앉으세요.

10. 3호선으로 환승하실 분은 다음 역에서 내리세요.

참고어휘

요약하다: resumir
환승하다: transbordar a, hacer transbordo a

C. 우리 말 문장을 스페인어로 작문 하시오.

1. 누가 처음 그 이야기를 꺼냈는지 내게 말해다오.

2. 이 약은 하루에 매 식후 세 번 드십시오.

3. (너는) 부모님께서 걱정하지 않으시도록 집에 너무 늦게 들어가지 마라.

4. (너희들은) 내가 돌아올 때까지 편히 쉬고 있어라.

5. 내일 아무리 날씨가 좋아도 우산을 가져가라.

6. (너는) 수업 시간에 다루어질 내용들은 미리 예습 하고, 필기한 노트들은 잘 보관해라.

7. 주자창 내에서는 경적을 사용하지 마십시오.

8. 본 비행기 내에서는 휴대전화를 꺼 주시기 바랍니다.

9. 그 책을 주문하고 싶은 고객께서는 전화번호를 남겨주시기 바랍니다.

10. 귀하의 개인 정보 보호를 위하여 정기적으로 비밀번호를 변경하십시오.

참고어휘

개인정보: los datos personales
경적: el claxon
보관하다: guardar
예습하다: preparar

Nota

Modelo de Producción Escrita en Español: Nivel Básico

La lección 18

18.1. 접속법 불완료과거 (동사변화)

18.2. 접속법 불완료과거 (명사절)

La lección 18

18.1. 접속법 불완료과거 (동사변화)

어미의 형태에 따라 -ra형과 -se형으로 나뉜다. 일부의 경우를 제외하고는 의미상의 차이 없이 쓰인다.

[규칙 변화]

hablar		comer	
hablara (hablase)	habláramos (hablásemos)	comiera (comiese)	comiéramos (comiésemos)
hablaras (hablases)	hablarais (hablaseis)	comieras (comieses)	comierais (comieseis)
hablara (hablase)	hablaran (hablasen)	comiera (comiese)	comieran (comiesen)

vivir	
viviera (viviese)	viviéramos (viviésemos)
vivieras (vivieses)	vivierais (vivieseis)
viviera (viviese)	vivieran (viviesen)

[불규칙 변화]

1) 어근 모음 e > i, o > u 변화형

pedir: pidiera, pidieras, pidiera, pidiéramos, pidierais, pidieran.

seguir: siguiera, siguieras, siguiera, siguiéramos, siguierais, siguieran

sentir: sintiera, sintieras, sintiera, sintiéramos, sintierais, sintieran

servir: sirviera, sirvieras, sirviera, sirviéramos, sirvierais, sirvieran

dormir: durmiera, durmieras, durmiera, durmiéramos, durmierais, durmieran

morir: muriera, murieras, muriera, muriéramos, murierais, murieran

2) 어간에 -y- 첨가형

creer: creyera, creyeras, creyera, creyéramos, creyerais, creyeran

leer: leyera, leyeras, leyera, leyéramos, leyerais, leyeran

oír: oyera, oyeras, oyera, oyéramos, oyerais, oyeran

3) 완전 불규칙형

andar: anduviera, anduvieras, anduviera, anduviéramos, anduvierais, anduvieran

caber: cupiera, cupieras, cupiera, cupiéramos, cupierais, cupieran

conducir: condujera, condujeras, condujera, condujéramos, condujerais, condujeran dar: diera, dieras, diera, diéramos, dierais, dieran

decir: dijera, dijeras, dijera, dijéramos, dijerais, dijeran

estar: estuviera, estuvieras, estuviera, estuviéramos, estuvierais, estuvieran

haber: hubiera, hubieras, hubiera, hubiéramos, hubierais, hubieran

hacer: hiciera, hicieras, hiciera, hiciéramos, hicierais, hicieran

ir: fuera, fueras, fuera, fuéramos, fuerais, fueran

poder: pudiera, pudieras, pudiera, pudiéramos, pudierais, pudieran

poner: pusiera, pusieras, pusiera, pusiéramos, pusierais, pusieran

querer: quisiera, quisieras, quisiera, quisiéramos, quisierais, quisieran

saber: supiera, supieras, supiera, supiéramos, supierais, supieran

ser: fuera, fueras, fuera, fuéramos, fuerais, fueran

tener: tuviera, tuvieras, tuviera, tuviéramos, tuvierais, tuvieran

traer: trajera, trajeras, trajera, trajéramos, trajerais, trajeran

venir: viniera, vinieras, viniera, viniéramos, vinierais, vinieran

18.2. 접속법 불완료과거 (명사절)

주절의 동사가 의미상 접속법을 요구하고 시제가 과거인 경우, 시제 일치를 위해 종속절의 동사는 접속법 불완료과거를 쓴다. 명사절은 '목적어 기능 명사절'과 '주어 기능 명사절'로 나뉜다.

EX 18.1.

[문항]

나는 네가 스페인어를 열심히 공부하기를 바랐다.

[작문]

Yo esperaba que estudiaras mucho español.

[해설]

estudiaras는 규칙변화를 하는 estudiar의 접속법 불완료과거 2인칭 단수 변화형이다. 접속법 변화형을 취하게 된 것은 주절의 동사 esperar의 의미상 종속절의 동사는 접속법이 되어야 하기 때문이다. 시제는 주절 동사의 시제에 따라 불완료과거가 사용되었다.

[응용표현]

- ▶ 그녀는 내가 자기에게 전화하길 바라지 않았다.
  Ella no esperaba que yo la llamara por teléfono.
- ▶ 우리는 그녀가 그 파티에서 노래하길 원했다.
  Queríamos que ella cantara en esa fiesta.
- ▶ 그들은 네가 즉시 그것을 포기하길 원했다.
  Ellos deseaban que lo dejaras inmediatamente.

EX 18.2.

[문항]

나는 그가 나쁜 사람이라고는 믿지 않았다.

[작문]

Yo no creía que él fuera malo.

[해설]

fuera는 ser의 접속법 불완료과거 3인칭 단수 변화형이다. 접속법 변화형을 취하게 된 것은 주절의 동사인 creer가 부정이 됨으로써 '불확신'을 나타내기 때문이다. '불확신'의 의미를 갖고 있는 비인칭 구문도 동일하게 기능한다.

[응용표현]

- ▶ 우리는 그녀가 우리를 기다려 주리라고 확신하지 못했다.
  No estábamos seguros de que ella nos esperara.
- ▶ 그들은 내가 시험에 통과하리라는 것을 확신하지 못했다.
  Ellos no estaban seguros de que yo aprobara el examen.
- ▶ 그가 스페인 사람이라는 것은 사실이 아니었다.
  No era cierto que él fuera español.

EX 18.3.

[문항]
그녀는 내게 내일까지 자기에게 책을 돌려달라고 요구했다.

[작문]
Ella me pidió que le devolviera el libro para mañana.

[해설]

devolviera는 devolver의 접속법 불완료과거 1인칭 단수 변화형이다. 접속법 변화형을 취하게 된 것은 주절의 동사인 pedir가 '부탁'을 나타내기 때문이다. 이처럼 주절의 동사가 '부탁, 명령'의 의미를 갖고 있는 경우, 종속절의 동사는 접속법이 사용된다.

[응용표현]

▶ 경찰관은 내게 운전면허증을 제시하라고 요구하지 않았다.
El policía no me exigió que le mostrara el carné de conducir.

▶ 고객들은 그에게 견본을 보내달라고 요청했다.
Los clientes le demandaron que les enviara las muestras.

▶ 지휘관은 병사들에게 전진하라고 명령했다.
El capitán les mandó a los soldados que avanzaran.

EX 18.4.

[문항]
그들은 기자들이 자기 사무실에 들어오는 것을 금지했다.

[작문]
Ellos prohibieron que los periodistas entraran en su despacho.

[해설]

entraran은 entrar의 접속법 불완료과거 3인칭 복수 변화형이다. 접속법 변화형을 취하게 된 것은 주절의 동사인 prohibir가 '금지'의 의미를 나타내기 때문이다. 이처럼 주절의 동사가 '금지' 또는 '허용'의 의미를 갖고 있는 경우, 종속절의 동사는 접속법이 사용된다.

[응용표현]

▶ 나는 학생들이 시험에서 사전 보는 것을 금하지 않았다.
No les prohibí a los alumnos que consultaran el diccionario en el examen.

▶ 정부는 그가 실험을 재개하는 것을 허락했다.
El gobierno le permitió que reanudara el experimento.

▶ 부모님은 내가 오토바이 사는 것을 허락하지 않으셨다.
Mis padres no me permitieron que comprara la motocicleta.

EX 18.5.

[문항]

나는 네가 장학생으로 1년 간 스페인에서 공부할 수 있어서 기뻤다.

[작문]

Me alegraba de que pudieras estudiar un año en España como becario.

[해설]

pudieras는 poder의 접속법 불완료과거 2인칭 단수 변화형이다. 접속법 변화형을 취하게 된 것은 alegrarse de~ 처럼 주절의 동사가 주어의 희로애락(喜怒哀□)을 나타내는 경우, 종속절의 내용이 확실한 사실이라 할지라도 종속절의 동사는 접속법이 사용된다.

[응용표현]

- 그녀는 자신의 학생 한명이 시험에서 자기를 속이려고 하는 것에 화가 났다.
  Ella se enfadó de que un alumno suyo intentara engañarle en el examen.
- 나는 네가 거기에 나와 함께 있지 못해 매우 유감으로 생각하고 있었다.
  Sentía mucho que no estuvieras allí conmigo.
- 그녀는 아들이 사고자 명단에 포함되어 있을까봐 걱정하고 있었다.
  Ella se preocupaba de que su hijo estuviera incluido en la lista de los accidentados.

EX 18.6.

[문항]

내일 비가 오기를!

[작문]

¡Ojalá lloviera mañana!

[해설]

lloviera는 llover의 접속법 불완료과거 3인칭 단수 변화형이다. Ojalá 구문은 의미상 접속법을 이끄는 구문으로서, 불완료과거가 쓰인 것은 실현 가능성이 희박한 일에 대해 강한 기대감을 나타내기 때문이다. 현재에 실현이 불가능한 일이 이루어지기를 기원할 때도 쓰인다. 이에 비해 접속법 과거완료는 과거에 이루어 지지 않은 일에 대한 아쉬움을 나타낼 때 쓰인다.

[응용표현]

- 지금 눈이 오기를! / ¡Ojalá nevara ahora!
- 가능한 한 빨리 수업이 끝나기를! / ¡Ojalá terminara la clase cuanto antes!
- 그녀가 오지 않았기를! / ¡Ojalá no hubiera venido ella!

EX 18.7.

[문항]
그 기계 덕분에 농부들이 제 때 수확하는 것이 가능했다.

[작문]
Gracias a esa máquina era posible que los agricultores cosecharan a tiempo.

[해설]
cosecharan는 cosechar의 접속법 불완료과거 3인칭 복수 변화형이다. 이와 같은 비인칭 구문에서, 술부에서 사용되는 형용사의 의미가 '가능/불가능'을 나타낼 때 주어 역할을 하는 que절의 동사는 접속법이 된다. 또한 형용사의 의미가 '쉬움/어려움'을 나타내는 경우에도 주어 역할을 하는 que절의 동사는 접속법이 사용된다.

[응용표현]
- ▶ 태풍으로 인해 비행기가 착륙하는 것은 불가능했다.
  Por el tifón era imposible que el avión aterrizara.
- ▶ 그가 나의 제안을 거절할 가능성이 농후했다.
  Era muy probable que él rechazara mi propuesta.
- ▶ 테러범들이 보안 구역을 통과하는 것은 어려웠다.
  Era difícil que los terroristas pasaran por la zona de seguridad.

EX 18.8.

[문항]
일기 예보 때문에 우리는 우산을 가져가는 것이 필요했다.

[작문]
Era necesario que lleváramos el paraguas por las noticias del tiempo.

[해설]
lleváramos는 llevar의 접속법 불완료과거 1인칭 복수 변화형이다. 이와 같은 비인칭 구문에서, 술부에서 사용되는 형용사의 의미가 '필요성/불필요성'을 나타낼 때 주어 역할을 하는 que절의 동사는 접속법이 사용된다. 형용사의 의미가 '중요성', '선호도', '의심' 등을 나타내는 경우에도 주어 역할을 하는 que절의 동사는 접속법이 사용된다.

[응용표현]
- ▶ 우리가 다양한 종류의 책들을 읽는 것이 중요했다.
  Era importante que leyéramos los libros de varias clases.
- ▶ 그가 오지 않는 것이 더 좋았다.
  Era mejor que él no viniera.
- ▶ 네가 수업에 참여하지 않고 좋은 학점을 딸 수 있을지 의심스러웠다.
  Era dudoso que sacaras buena nota sin asistir a las clases.

연습문제

A. 우리 말 문장에 따라 빈칸을 채우시오.

1. 그녀는 내가 자기를 집까지 바래다주길 바랐다.
   Ella quería que yo la ________ a casa.
2. 나는 그녀가 신문기자라고는 믿지 않았다.
   Yo no creía que ella ________ periodista.
3. 경비는 관광객들이 그림들 앞에서 사진 찍는 것을 금지했다.
   El guardia prohibió a los turistas que ________ las fotos delante de los cuadros.
4. 그는 학생들에게 매일 한 시간씩 운동을 하라고 명령했다.
   Él mandó a los estudiantes que cada día ________ ejercicios durante una hora.
5. 어머니는 자녀들에게 너무 늦게 잠자리에 들지 말라고 말했다.
   La madre dijo a sus niños que no ________ demasiado tarde.
6. 나는 그들이 네게 예의 없이 말하는 것이 싫었다.
   No me gustaba que ellos te ________ sin cortesía.
7. 부모님은 내가 스페인 여행하는 것을 허락하셨다.
   Mis padres me permitieron que ________ por España.
8. 네가 우리 팀에 합류하는 것은 우리에게 매우 중요했다.
   Era muy importante para nosotros que tú ________ en nuestro equipo.

9. 너는 시골에 계신 부모님께 자주 전화 드리는 것이 필요했다.
Era necesario que ________________ a menudo a tus padres que vivían en el campo.

10. 그녀가 차를 산다는 것은 확실하지 않았다.
No era seguro que ella ________________ un coche.

B. 우리 말 문장을 스페인어로 작문 하시오.

1. 그녀가 내게 거짓말을 하리라고는 믿지 않았다.

2. 지난 일은 가능한 한 빨리 잊는 게 좋았다.

3. 부디 우리가 복권에 당첨되면 좋겠다!

4. 내가 백만장자가 되었으면!

5. 그가 아프다는 게 참 이상했다.

6. 지난 학기에 너는 너의 친구들에게 신경을 쓸 필요가 있었다.

7. 그가 계약서에 서명할지는 확실하지 않았다.

8. 내가 어렸을 때, 부모님은 오후 9시 이후에 귀가하는 것을 금지했었다.

9. 소방관들이 제시간에 도착하는 것이 중요했었다.

10. 카를로스는 내가 축하의 전화를 하지 않아서 화가 났었다.

참고어휘

~에게 신경을 쓰다: hacer caso a alguien
복권에 당첨되다: tocar a alguien la lotería
거짓말하다: mentir
서명하다: firmar

C. 우리 말 문장을 스페인어로 작문 하시오.

1. 우리 아들은 내일 소풍 가는데 비가 많이 올까봐 걱정했다.

2. 너무나 많은 힘든 일이 닥치자 그는 모든 게 꿈이기를 바랐었다.

3. 할아버지께서 건강을 회복하시고 우리 집에 다시 오신다니 나는 너무 기뻤다.

4. 네가 나를 보러 올 수 없다니 나는 매우 유감이었지만 지금은 괜찮다.

5. 사무실이 어질러져 있다는 사실에 부장은 무척 화가 났다.

6. 그녀가 항상 불편한 하이힐을 신는 것이 너무 이상했다.

7. 아이들은 아빠가 지난 일요일에 놀이공원에 같이 가주기를 원했다.

8. 그녀는 그 지폐가 위조지폐라는 것을 알고 너무나 놀랐다.

9. 납치범들은 그 놀이터에 방범 카메라가 작동하리라고는 생각하지 못했다.

10. 그가 공부를 열심히 했기 때문에 고시에 합격할 것을 의심하지 않았다.

참고어휘

국가고시: las oposiciones	납치범: el/la secuestrador(a)
놀이공원: el parque de atracciones	놀이터: el patio de recreo
방범카메라: la cámara de seguridad	부장: el director
어질러진: desordenado(a)	위조지폐: billete falso
하이힐: zapatos de tacón alto	회복하다: mejorar(se)

Modelo de Producción
Escrita en Español:
Nivel Básico

La lección 19

19.1. 접속법 불완료과거 (형용사절)

19.2. 접속법 불완료과거 (부사절)

La lección 19

19.1. 접속법 불완료과거 (형용사절)

선행사가「불확실, 부정(不定)」의 의미를 내포하고 있을 때 접속법이 쓰인다. 사람이 목적어로 쓰이더라도 구체적인 대상이 아니면 전치사 a를 동반하지 않는다.

19.2. 접속법 불완료과거 (부사절)

종속절의 내용이 주절에 비해 아직 실현되지 않은 경우 접속법이 사용된다. 그러나 종속절의 내용이 아직 실현되지 않았더라도 늘 일어나는 일이라면 직설법을 쓴다. 명사절에서는 주절의 주어와 종속절의 주어가 달라야 하지만 부사절에서는 동일할 때에도 쓰인다.

다음은 부사절을 이끄는 접속사이다.

1) 시간: cuando, mientras, antes de que, después de que, hasta que, tan pronto como, en cuanto, siempre que

2) 목적: para que, a que, a fin de que, de modo que, de manera que

3) 조건: a menos que, a no ser que, con tal de que

4) 방법, 양태(樣態): como, sin que

5) 양보: aunque, a pesar de que, por muy/más + 형용사/부사 + que, por mucho + 명사 + que

EX 19.1.

[문항]
나는 내게 아랍어 공부를 도와줄 학생 한 명을 찾고 있었다.

[작문]

Yo buscaba un alumno que me ayudara a estudiar árabe.

[해설]

ayudara는 ayudar의 접속법 불완료과거 3인칭 단수 변화형이다. 접속법 변화형을 취하게 된 것은 선행사인 un alumno가 '불특정한 한 명'을 가리키기 때문이다. 이처럼 선행사가 정해지지 않았거나 부정(否定)의 의미를 지니고 있을 때 그를 수식하는 형용사절에서 쓰인 동사는 접속법이 된다.

[응용표현]

▶ 우리는 영어와 스페인어를 모두 잘하는 여비서 한 명이 필요했다.
Necesitábamos una secretaria que hablara bien tanto inglés como español.

▶ 그것을 할 수 있는 사람 누구 있었습니까?
¿Había alguien que pudiera hacerlo?

▶ 너는 그 주제를 다루고 있는 어떤 책을 갖고 있었니?
¿Tenías algún libro que tratara de ese tema?

EX 19.2.

[문항]
나는 영화가 끝나기 전에 영화관에서 나갔다.

[작문]

Salí del cine antes de que terminara la película.

[해설]

terminara는 terminar의 접속법 불완료과거 3인칭 단수 변화형이다. 접속법 변화형을 취하게 된 것은 부사절을 이끄는 antes de que 구문의 의미상 '영화가 끝난 것'이 '나간 것'보다 미래에 일어난 일이기 때문이다. 이처럼 시간 부사절에서는 접속사의 성격에 따라 주동사보다 후에 일어나는 일이면 접속법을, 먼저 일어난 일이면 직설법을 사용한다.

[응용표현]

▶ 비행기는 우리가 공항에 도착하기 전에 착륙했다.
El avión aterrizó antes de que llegáramos al aeropuerto.

▶ 그는 비밀요원들이 방에 들어올 때까지 움직이지 않았다.
Él no se movió hasta que los agentes secretos entraran en el cuarto.

▶ 그녀는 내게 마드리드에 도착하면 전화하겠다고 말했다.
Ella me dijo que llamaría por teléfono cuando llegara a Madrid.

EX 19.3.

[문항]

내가 학교에 도착했을 때 그는 나에게 전화했다.

[작문]

Él me llamó por teléfono cuando llegué a la escuela.

[해설]

시간 부사절에서는 접속사의 성격에 따라 주동사보다 후에 일어나는 일이면 접속법을 쓰지만, 먼저 일어난 일이면 직설법을 쓴다.

[응용표현]

- 어머니께서 설거지를 하시는 동안 나는 후식을 준비했다.
  Mientras mamá fregaba los platos, yo preparé el postre.
- 아버지께서 돌아오신 후 모든 것이 정리되었다.
  Después de que regresó el padre, se arregló todo.
- 그는 그것을 알아차리자마자 내게 알렸다.
  Tan pronto como él se dio cuenta de ello, me lo avisó.

EX 19.4.

[문항]

그 시인은 아무도 자기를 찾지 못하도록 잠적했다.

[작문]

El poeta se escondió para que nadie lo encontrara.

[해설]

encontrara는 encontrar의 접속법 불완료과거 3인칭 단수 변화형이다. 접속법 변화형을 취하게 된 것은 부사절을 이끄는 para que 구문의 의미상('~하도록') 아직 완료되지 않은 일을 나타내기 때문이다. 이처럼 목적 부사절에서는 접속사의 의미상 주동사에 비해 아직 일어나지 않은 일을 표현하므로 접속법이 사용된다.

[응용표현]

- 정부는 그 피라미드를 발굴하도록 유카탄에 고고학자 그룹을 파견했다.
  El gobierno expidió un grupo de arqueólogos a Yucatán a fin de que excavaran esa pirámide.
- 나는 학생들이 그것을 잘 이해할 수 있도록 자세히 설명했다.
  Lo expliqué con detalle de modo que los alumnos lo entendieran bien.
- 그들이 제시간에 일을 마치도록 우리는 일찍 사무실을 나왔다.
  A fin de que ellos terminaran de trabajar a tiempo, salimos temprano de la oficina.

EX 19.5.

[문항]
당신이 허락하지 않는다면 우리는 그것을 하지 않을 것이다.

[작문]
No lo haríamos a menos que Ud. nos lo permitiera.

[해설]
permitiera는 permitir의 접속법 불완료과거 3인칭 단수 변화형이다. 접속법 변화형을 취하게 된 것은 부사절을 이끄는 a menos que 구문의 성격상 ('~라면')접속법을 요구하기 때문이다. 이 문장은 EX 16.5.와 비교해 볼 때 확신의 정도가 더 낮은 표현이다. 주절의 동사가 가정미래이므로 종속절의 동사도 시제 일치를 위해 접속법 불완료과거형을 쓴 것이다.

[응용표현]
▶ 당신이 허락한다면 나는 그것을 할 것이다.
Lo haría yo con tal de que Ud. me lo permitiera.
▶ 공부를 열심히 하지 않는다면 아무도 시험에 통과하지 못할 것이다.
Nadie podría pasar el examen a no ser que estudiara mucho.
▶ 그는 고문을 멈추는 조건으로 그들에게 그것을 말했다.
Él se lo dijo con tal de que cesaran las torturas.

EX 19.6.

[문항]
우리는 아무에게도 들키지 않고 집에서 나갔다.

[작문]
Salimos de la casa sin que nadie nos viera.

[해설]
viera는 ver의 접속법 불완료과거 3인칭 단수 변화형이다. 접속법 변화형을 취하게 된 것은 양태(樣態) 부사절을 이끄는 sin que 구문은 '~하지 않고, ~없이'를 의미하여 접속법을 요구하기 때문이다.

[응용표현]
▶ 방사능은 우리 눈에는 보이지 않는 채 대기중에 떠돈다.
Las radiaciones flotan en el aire sin que las veamos.
▶ 그는 아무도 알지 못하게 이름을 바꾸었다.
Cambió de nombre sin que nadie se enterara.
▶ 아무도 그를 돕지 않고도 그는 보고서들을 제 시간에 마무리했다.
Él terminó los informes a tiempo sin que nadie le ayudara.

EX 19.7.

[문항]

그들은 비록 비가 온다고 할지라도 소풍을 가겠다고 말했다.

[작문]

Ellos dijeron que irían de picnic aunque lloviera.

[해설]

aunque, a pesar de que, por muy/más + 형용사/부사 + que, por mucho + 명사 + que의 접속사가 이끄는 구문이 미래의 일이나 불확실한 상황을 기술할 때는 접속법을 요구하지만, 현재나 과거의 확실한 일을 기술하는 경우에는 직설법을 요구한다. EX 16.7.에 비해 확신의 정도가 낮은 표현이다.

[응용표현]

▶ 그녀가 아무리 똑똑하다 할지라도 스페인어를 1년 내에 정복할 수는 없을 것이다.
Por más inteligente que fuera ella, no podría dominar español en un año.

▶ 그는 아무리 많은 어려움에 직면한다 할지라도 계속 나아갈 것이라고 말했다.
Él dijo que por muchas dificultades que afrontara seguiría adelante.

▶ 그가 아무리 빨리 말했다 할지라도 그녀는 그가 말하는 것을 다 이해할 것이다.
Por muy rápido que hablara él, ella comprendería todo.

EX 19.8.

[문항]

어찌됐든 간에, 그녀는 미스 베네수엘라였다.

[작문]

Fuera lo que fuera, ella fue Miss Venezuela.

[해설]

「접속법 현재/과거 + lo que + 접속법 현재/과거」형을 써서 '~이든(였든) 간에'의 의미로 사용하는 관용적 형태의 구문이 사용되었다.

[응용표현]

▶ 그는 무슨 일이 일어나든지 간에 내 곁에 있겠다고 약속했다.
Él me prometió que estaría a mi lado, pasara lo que pasara.

▶ 그들이 무슨 말을 했든지 간에, 그는 무죄였다.
Dijeran lo que dijeran, él era inocente.

▶ 뉴스는 그들이 무엇을 하든지 간에, 민중은 승리할 것이라고 보도했다.
Las noticias anunciaron que triunfaría el pueblo, hicieran lo que hicieran ellos.

연습문제

A. 우리 말 문장에 따라 빈칸을 채우시오.

1. 마리아를 아는 사람 누구 있었습니까?
   ¿Había alguien que ______________ a María?
2. 그 질문에 답할 수 있는 사람은 아무도 없었다.
   No había nadie que ______________ contestar a esa pregunta.
3. 그녀는 내가 모임에 도착하기 전에 전화했다.
   Ella me llamó por teléfono antes de que yo ______________ a la reunión.
4. 나는 그가 장학금을 받도록 추천했다.
   Yo lo recomendé para que ______________ una beca.
5. 그는 그녀가 원하는 대로 모두 하겠다고 약속했다.
   Él le prometió a ella que haría todo como ______________ ella.
6. 그가 극복할 수 없었던 것은 아무 것도 없었다.
   No había nada que él no ______________ superar.
7. 그녀가 무슨 말을 했든지 간에, 신경 쓰지 마라.
   ______________ lo que ______________ ella, no hagas caso de eso.
8. 우리가 어머니께서 눈치 채지 못하시게끔 그 일을 하는 것은 불가능했다.
   Era imposible que lo ______________ sin que mamá ______________ cuenta de eso.

9. 그는 이번 대회에서 금메달을 따도 더 열심히 훈련할 것이라고 말했다.
Él dijo que ______ más ejercicios aunque ______ la medalla de oro en esta competición.

10. 그들이 조금만 더 조심한다면 사고가 일어나지 않을 텐데.
Si ellos ______ un poco más cuidado, no se les ______ el accidente.

B. 우리 말 문장을 스페인어로 작문 하시오.

1. 그 곳에는 일본어를 할 줄 아는 사람이 아무도 없었다.

2. 작년에 우리는 정원과 수영장이 있는 집이 필요했었다.

3. 그가 상을 받았다는 소식을 들은 후에 깜짝 파티를 준비했다.

4. 비록 날씨가 좋지 않았지만 코치는 우리에게 훈련을 강요했다.

5. 아이들은 잠자리에 들기 전에 양치질을 했다.

6. 이웃들은 화재가 난 것을 보자마자 소방관들을 불렀다.

7. 우리는 기차를 놓치지 않도록 서둘렀다.

8. 돈이 있으면 지금 당장 그 집을 살 텐데.

9. 우리를 이해하도록 사장과 이야기를 나누었다.

10. 지난 휴가에 나는 날씨가 좋은 곳으로 여행하고 싶었었다.

참고어휘

깜짝 파티: la fiesta sorpresa	서두르다: darse prisa
양치질하다: cepillarse los dientes	이해하다: comprender, entender
코치: el/la entrenador(a)	훈련하다: entrenarse

C. 우리 말 문장을 스페인어로 작문 하시오.

1. 내 직장 동료에게 내일 면접을 잊지 않도록 e-mail로 알려주었다.

2. 지난 일요일에 고장 난 배관을 수리할 배관공 한 명이 필요했었다.

3. 우리가 그 프로젝트에 참가하더라도, 그 프로젝트는 성공하지 못할 것이다.

4. 만약 물이 없다면 어떻게 될까?

5. 마르타(Marta)는 동생이 어머니를 귀찮게 하지 않도록 동생을 데리고 쇼핑몰에 갔다.

6. 그는 비록 고향을 떠날지라도 다시 돌아오고 싶다고 말했다.

7. 비록 준비는 많이 했지만 월드컵 4강 진출은 한국선수들에게 너무나도 어려웠다.

8. 우리가 환경에 더 신경을 쓰지 않는 한 지구 온난화 현상을 막을 수 없을 것이다.

9. 나는 햇빛이 잘 드는 거실과 넓은 마당이 있는 집을 원했었다.

10. 나는 그녀가 우리 사무실에서 10시간을 일하는 조건으로 130유로를 주기로 약속했다.

참고어휘

4강: la semifinal	귀찮게 하다: molestar
배관: la tubería, la cañería	배관공: el/la fontanero/a
쇼핑몰: el centro comercial	온난화: el calentamiento
진출하다: clasificarse	환경: el medio ambiente

Modelo de Producción
Escrita en Español:
Nivel Básico

La lección 20

20.1. 접속법 현재완료

20.2. 접속법 과거완료

20.3. 가정문

La lección 20

20.1. 접속법 현재완료

주절의 동사가 접속법을 요구하는 성격의 현재 시제이고, 종속절의 내용이 「과거에 일어난 행위나 상태가 현재까지 영향을 미치고 있는 경우」 사용된다. 따라서 「과거」에 완료된 행위('~했다는 것')을 지금 「희망, 불확신/회의(懷疑), 부정(否定)」하거나, 주절의 동사가 화자의 감정을 담고 있는 경우 사용된다.

20.1.1. 형태

haya hayas haya hayamos hayáis hayan	과거분사 (hablado, comido, vivido)

20.1.2. 용법

1) 주절의 동사가 접속법을 요구하는 성격의 현재 시제이고, 종속절의 내용이 「과거에 일어난 행위나 상태가 현재까지 영향을 미치고 있는 경우」 사용된다. 따라서 「과거」에 완료된 행위('~했다는 것')

를 현재「희망, 불확신/회의(懷疑), 부정(否定)」하거나, 주절의 동사가 화자의 감정을 담고 있는 경우 사용된다.

2) 종속절의 행위나 동작이 과거에 실제로 이루어진 경우라 할지라도 주절의 동사가 접속법을 요구하는 성격(두려움, 놀라움, 기쁨, 슬픔, 아쉬움 등)이라면 접속법 현재완료를 쓴다.

20.2. 접속법 과거완료

20.2.1. 형태

hubiera (hubiese) hubieras (hubieses) hubiera (hubiese) hubiéramos (hubiésemos) hubierais (hubieseis) hubieran (hubiesen)	과거분사 (hablado, comido, vivido)

20.2.2. 용법

주절의 동사가 접속법을 요구하는 동사이고 종속절 동사의 행위가 주절 동사보다 이전시점임을 나타낼 때 사용된다.

20.3. 가정문

20.3.1. 현재 사실의 반대를 나타내는 가정문

「Si + 접속법 불완료과거 ~, 가정미래」로 이루어진다. '만약 지금 ~이라면, ~할 텐데'라는 의미로써, 현재 상황의 반대 사실을 가정한다.

20.3.2. 과거 사실의 반대를 나타내는 가정문

「Si + 접속법 과거완료 ~, 가정미래완료」로 이루어진다. '만약 과거에 ~했다면, ~했을 텐데'라는 의미로서, 과거 상황의 반대 사실을 가정한다.

EX 20.1.

[문항]

나는 네가 그녀를 도와주었기를 바란다.

[작문]

Espero que tú la hayas ayudado.

[해설]

주절의 동사가 접속법을 요구하는 성격의 현재 시제이고, 종속절의 내용이「과거에 일어난 행위나 상태가 현재까지 영향을 미치고 있는 경우」 사용된다. 따라서「과거」에 완료된 행위('~했다는 것')을 지금「희망, 불확신/회의(懷疑), 부정(否定)」할 때 쓴다.

[응용표현]

▶ 나는 그가 저 중고차를 샀다는 것을 믿지 않는다.
No creo que él haya comprado aquel coche de segunda mano.

▶ 그녀는 그가 진실을 말했다는 것을 의심한다.
Ella duda que él haya dicho la verdad.

▶ 나는 그가 내 친구에게 거짓말을 했다는 것이 화난다.
Me fastidia que él le haya mentido a mi amigo.

EX 20.2.

[문항]

나는 네가 와서 기쁘다.

[작문]

Me alegro de que hayas venido.

[해설]

주절의 동사가 접속법을 요구하는 성격의 현재 시제이고, 종속절의 내용이「과거에 일어난 행위나 상태가 현재까지 영향을 미치고 있는 경우」 사용된다. 따라서 종속절의 행위나 동작이 과거에 실제로 이루어진 경우라 할지라도 주절의 동사가 접속법을 요구하는 성격(두려움, 놀라움, 기쁨, 슬픔, 아쉬움 등)이라면 접속법 현재완료를 쓴다.

[응용표현]

▶ 나는 어린 아이들이 길을 잃었을까봐 두렵나.
Temo que los niños se hayan perdido.

▶ 그들이 내 제안을 받아들였다는 것이 놀랍다.
Es sorprendente que hayan admitido mi propuesta.

▶ 네가 이 모임에 참석하지 않아 아쉽다.
Siento que no hayas participado en esta reunión.

EX 20.3.

[문항]
나는 네가 이미 해결책을 찾았다는 것을 믿지 않았다.

[작문]
No creía que ya hubieras encontrado la solución.

[해설]
주절의 과거시제 동사가 접속법을 요구하는 동사이고 종속절 동사의 행위가 주절 동사가 나타내는 시점보다 이전에 이루어진 것을 나타낼 때 사용된다.

[응용표현]

- 그는 직원들이 이미 파업을 시작했다는 것을 의심했다.
  Él dudó que los empleados ya hubieran empezado la huelga.
- 핸드폰이 뇌종양을 일으켰다는 것은 확실치 않았다.
  No era cierto que los móviles hubieran causado tumores cerebrales.
- 그가 메시지를 남기지 않아서 참 이상했다.
  Me extrañó mucho que él no hubiera dejado un mensaje.

EX 20.4.

[문항]
내가 새라면 날아갈 텐데.

[작문]
Si yo fuera pájaro, volaría.

[해설]
현재 사실의 반대를 나타내는 가정문은 「Si + 접속법 불완료과거 ~, 가정미래」로 이루어지며, "만약 지금 ~이라면, ~할 텐데"라는 의미를 나타낸다.

[응용표현]

- 내가 너라면 그것을 하지 않을 거야.
  Si yo estuviera en tu lugar, no lo haría.
- 내가 당신이라면 병원에 갈 거예요.
  Si yo fuera Ud., iría a ver al médico.
- 내가 너라면 그 사람을 초대할거야.
  Yo que tú, lo invitaría.

EX 20.5.

[문항]
그는 마치 자기가 백만장자인 것처럼 말한다.

[작문]
Él habla como si fuera millonario.

[해설]
「como si + 접속법 불완료과거」는 '마치 ~인 것처럼'의 의미로 주절과 동일한 시제에서 반대 사실을 표현한다.

[응용표현]
- 그녀는 마치 자기가 공주인 것처럼 행동한다.
  Ella se comporta como si fuera una princesa.
- 내 딸은 마치 자기가 엄마인양 자기 동생을 돌본다.
  Mi hija cuida a su hermano como si fuera su mamá.
- 그는 아무 일도 일어나지 않은 것처럼 친구와 이야기를 나누었다.
  Habló con su amigo como si no hubiera pasado nada.

EX 20.6.

[문항]
내가 새였다면 날아갔을 텐데.

[작문]
Si yo hubiera sido pájaro, habría volado.

[해설]
과거 사실의 반대를 나타내는 가정문은 「Si + 접속법 과거완료 ~, 가정미래완료」로 이루어지며, "만약 과거에 ~했더라면, ~했을 텐데"라는 의미이다.

[응용표현]
- 내가 그 책을 읽었더라면 질문에 대답했을 텐데.
  Si hubieras leído ese libro, habrías contestado a la pregunta.
- 그가 그렇게 이기주의자가 아니었더라면 그들이 그를 도와주었을 텐데.
  Si no hubiera sido tan egoísta, ellos lo habrían ayudado.
- 그녀는 더 싼 핸드폰을 발견했더라면 그 핸드폰은 사지 않았었을 텐데.
  Si hubiera encontrado un móvil más barato, no habría comprado ese.

EX 20.7.

[문항]

그는 마치 자기가 백만장자였던 것처럼 행동했다.

[작문]

Él se comportaba como si hubiera sido millonario.

[해설]

「como si + 접속법 과거완료」는 '마치 ~였던 것처럼'의 의미로 주절보다 앞선 시제에서의 반대 사실을 표현한다.

[응용표현]

- 그녀는 마치 멕시코에 살았던 것처럼 말했다.
  Ella habló como si hubiera vivido en México.
- 펠리페(Felipe)는 루이스(Luis)와 만나기로 약속을 했던 것처럼 서둘러 갔다.
  Felipe se fue deprisa como si hubiera quedado con Luis.
- 그는 마치 그 영화를 봤던 것처럼 우리에게 이야기를 해준다.
  Nos cuenta como si hubiera visto la película.

EX 20.8.

[문항]

네가 그 시험에 합격했었더라면, 네가 지금쯤 나와 함께 여행 중일 텐데.

[작문]

Si hubieras aprobado el examen, ahora estarías de viaje conmigo.

[해설]

과거 또는 현재 사실의 반대를 표현하는 가정문 시제가 한 문장에서 함께 복합적으로 사용될 수 있다.

[응용표현]

- 내가 그녀와 잘 지냈었더라면 지금 그녀가 나를 도와줄 텐데.
  Si me hubiera llevado bien con ella, ahora ella me ayudaría.
- 집이 불에 타지 않았었더라면 지금도 그 가족사진들을 간직하고 있을 텐데.
  Si la casa no se hubiera quemado por el incendio, conservaría las fotos de la familia.
- 수술하지 않았더라면 그녀는 지금 어떤 모습일까?
  ¿Cómo sería ella si no se hubiera operado?

연습문제

A. 우리 말 문장에 따라 빈칸을 채우시오.

1. 지금쯤 소포가 집에 도착해 있기를 바란다.
   Espero que ya ________ a casa el paquete.
2. 그녀가 내 생일 파티에 오지 않아 유감이다.
   Siento que ella no ________ a la fiesta de mi cumpleaños.
3. 재단이 우리의 프로젝트를 승인했다니 기쁘다.
   Me alegro de que la Fundación ________ nuestro proyecto.
4. 그가 당의 사무총장직을 수락했다니 놀랍다.
   Es sorprendente que él ________ el cargo de secretaría del partido.
5. 아무도 그들이 해결책을 찾았다는 사실을 믿지 않았다.
   Nadie creía que ellos ________ la manera de solución.
6. 그는 마치 뉴욕에 가 본 것처럼 말한다.
   Él habla como si ________ en Nueva York.
7. 그녀는 마치 아직도 그를 사랑하고 있는 것처럼 그에게 편지를 썼다.
   Ella le escribió una carta a él como si aún lo ________.

8. 그는 인터뷰에서는 마치 그것을 경험해본 것처럼 대답한다.
Él contesta en la entrevista como si lo ______________.

9. 내가 너라면 그런 바보짓은 하지 않을 것이다.
Si yo ______________ tú, no ______________ esa tontería.

10. 내가 그 책만 읽었더라면 시험에서 떨어지지는 않았을 텐데.
Si yo ______________ ese libro, no ______________ el examen.

B. 우리 말 문장을 스페인어로 작문 하시오.

1. 우리가 친구의 집에 들렀었더라면 그녀에게 인사를 할 수 있었을 텐데.

2. 너는 마치 아픈 것처럼 기침을 한다.

3. 그가 친구의 말에 신경을 썼더라면 지금 후회하지는 않을 텐데.

4. 알베르토(Alberto)는 우리가 그의 생일에 이사벨(Isabel)을 초대했다는 것에 기분이 나빴다.

5. 그 강연에 참석하지 못했다니 유감이다.

6. 친구들은 내가 그를 만나러 이미 떠났다는 것에 매우 기뻐했다.

7. 그는 마치 무엇인가를 알고 있는 것처럼 미소를 지었다.

8. 네가 내 옆에 있는 것처럼 너의 목소리가 들린다.

9. 선생님께 모두 숙제를 제출했다니 믿을 수 없었다.

10. 엔리케(Enrique)가 그 시험에 합격했다니 믿을 수가 없다.

참고어휘

강연: la conferencia
들르다: pasar por
시험에 합격하다: aprobar el examen
~에 대해 후회하다: arrepentirse de
기침하다: toser
미소를 짓다: sonreír
제출하다: presentar

C. 우리 말 문장을 스페인어로 작문 하시오.

1. 내 동생이 아직도 집에 돌아오지 않았다니 이상하다.

2. 주차비를 내지 않았더라면 주차장을 빠져 나가는데 문제가 있었을 것이다.

3. 우리나라 여자 양궁 대표가 올림픽에서 메달을 따지 못했다니 놀랍다.

4. 그 작곡가가 다른 노래를 표절했다는 것은 확실하지 않았다.

5. 내가 당신의 입장이었더라면, 그녀에게 차를 빌려주지 않았을 거예요.

6. 내가 이야기할 때 네가 내 말에 신경 쓰지 않는 것이 나를 화나게 했다.

7. 검사는 담당자들이 관련 자료를 얻기 위해 모든 서류들을 샅샅이 뒤졌다고는 믿지 않았다.

8. 그 여배우는 마치 100편 이상의 연극에서 주인공을 했던 것처럼 말했다.

9. 내가 훌륭한 화가였더라면, 나의 자화상을 그렸을 텐데.

10. 한국전쟁이 없었더라면 1960년대 한국은 어떤 모습이었을까?

참고어휘

검사: el/la fiscal
양궁: el tiro con arco
자화상: el autorretrato
작곡가: el/la compositor(a)
주인공: el/la protagonista
주차장: el aparcamiento
표절하다: plagiar
한국전쟁: La Guerra de Corea

Nota

부 록:동사변화표

suplemento 규칙동사들

법	직설법			
시제 / 동사	현재	단순과거	불완료과거	단순미래
hablar 말하다 hablando hablado	hablo hablas habla hablamos habláis hablan	hablé hablaste habló hablamos hablasteis hablaron	hablaba hablabas hablaba hablábamos hablabais hablaban	hablaré hablarás hablará hablaremos hablaréis hablarán
comer 먹다 comiendo comido	como comes come comemos coméis comen	comí comiste comió comimos comisteis comieron	comía comías comía comíamos comíais comían	comeré comerás comerá comeremos comeréis comerán
vivir 살다 viviendo vivido	vivo vives vive vivimos vivís viven	viví viviste vivió vivimos vivisteis vivieron	vivía vivías vivía vivíamos vivíais vivían	viviré vivirás vivirá viviremos viviréis vivirán

직설법	접속법		명령형
가정미래	현재	불완료과거 (-ra형)	
hablaría hablarías hablaría hablaríamos hablaríais hablarían	hable hables hable hablemos habléis hablen	hablara hablaras hablara habláramos hablarais hablaran	x habla hable hablemos hablad hablen
comería comerías comería comeríamos comeríais comerían	coma comas coma comamos comáis coman	comiera comieras comiera comiéramos comierais comieran	x come coma comamos comed coman
viviría vivirías viviría viviríamos viviríais vivirían	viva vivas viva vivamos viváis vivan	viviera vivieras viviera viviéramos vivierais vivieran	x vive viva vivamos vivid vivan

법	직설법			
시제 / 동사	현재	단순과거	불완료과거	단순미래
andar 걷다 andando andado	ando andas anda andamos andáis andan	anduve anduviste anduvo anduvimos anduvisteis anduvieron	andaba andabas andaba andábamos andabais andaban	andaré andarás andará andaremos andaréis andarán
almorzar 점심 먹다 almorzando almorzado	almuerzo almuerzas almuerza almorzamos almorzáis almuerzan	almorcé almorzaste almorzó almorzamos almorzasteis almorzaron	almorzaba almorzabas almorzaba almorzábamos almorzabais almorzaban	almorzaré almorzarás almorzará almorzaremos almorzaréis almorzarán
buscar 찾다 buscando buscado	busco buscas busca buscamos buscáis buscan	busqué buscaste buscó buscamos buscasteis buscaron	buscaba buscabas buscaba buscábamos buscabais buscaban	buscaré buscarás buscará buscaremos buscaréis buscarán
caber 들어갈 수 있다 cabiendo cabido	quepo cabes cabe cabemos cabéis caben	cupe cupiste cupo cupimos cupisteis cupieron	cabía cabías cabía cabíamos cabíais cabían	cabré cabrás cabrá cabremos cabréis cabrán
caer 떨어지다 cayendo caído	caigo caes cae caemos caéis caen	caí caíste cayó caímos caísteis cayeron	caía caías caía caíamos caíais caían	caeré caerás caerá caeremos caeréis caerán
comenzar 시작하다 comenzando comenzado	comienzo comienzas comienza comenzamos comenzáis comienzan	comencé comenzaste comenzó comenzamos comenzasteis comenzaron	comenzaba comenzabas comenzaba comenzábamos comenzabais comenzaban	comenzaré comenzarás comenzará comenzaremos comenzaréis comenzarán

직설법	접속법		명령형
가정미래	현재	불완료과거 (-ra형)	
andaría	ande	anduviera	x
andarías	andes	anduvieras	anda
andaría	ande	anduviera	ande
andaríamos	andemos	anduviéramos	andemos
andaríais	andéis	anduvierais	andad
andarían	anden	anduvieran	anden
almorzaría	almuerce	almorzara	x
almorzarías	almuerces	almorzaras	almuerza
almorzaría	almuerce	almorzara	almuerce
almorzaríamos	almorcemos	almorzáramos	almorcemos
almorzaríais	almorcéis	almorzarais	almorzad
almorzarían	almuercen	almorzaran	almuercen
buscaría	busque	buscara	x
buscarías	busques	buscaras	busca
buscaría	busque	buscara	busque
buscaríamos	busquemos	buscáramos	busquemos
buscaríais	busquéis	buscarais	buscad
buscarían	busquen	buscaran	busquen
cabría	quepa	cupiera	
cabrías	quepas	cupieras	
cabría	quepa	cupiera	
cabríamos	quepamos	cupiéramos	
cabríais	quepáis	cupierais	
cabrían	quepan	cupieran	
caería	caiga	cayera	x
caerías	caigas	cayeras	cae
caería	caiga	cayera	caiga
caeríamos	caigamos	cayéramos	caigamos
caeríais	caigáis	cayerais	caed
caerían	caigan	cayeran	caigan
comenzaría	comience	comenzara	x
comenzarías	comiences	comenzaras	comienza
comenzaría	comience	comenzara	comience
comenzaríamos	comencemos	comenzáramos	comencemos
comenzaríais	comencéis	comenzarais	comenzad
comenzarían	comiencen	comenzaran	comiencen

법	직설법			
시제 동사	현재	단순과거	불완료과거	단순미래
conducir 운전하다 conduciendo conducido	conduzco conduces conduce conducimos conducís conducen	conduje condujiste condujo condujimos condujisteis condujeron	conducía conducías conducía conducíamos conducíais conducían	conduciré conducirás conducirá conduciremos conduciréis conducirán
conocer 알다 conociendo conocido	conozco conoces conoce conocemos conocéis conocen	conocí conociste conoció conocimos conocisteis conocieron	conocía conocías conocía conocíamos conocíais conocían	conoceré conocerás conocerá conoceremos conoceréis conocerán
construir 건설하다 construyendo construido	construyo construyes construye construimos construís construyen	construí construiste construyó construimos construisteis construyeron	construía construías construía construíamos construíais construían	construiré construirás construirá construiremos construiréis construirán
creer 믿다 creyendo creído	creo crees cree creemos creéis creen	creí creíste creyó creímos creísteis creyeron	creía creías creía creíamos creíais creían	creeré creerás creerá creeremos creeréis creerán
dar 주다 dando dado	doy das da damos dais dan	di diste dio dimos disteis dieron	daba dabas daba dábamos dabais daban	daré darás dará daremos daréis darán
decir 말하다 diciendo dicho	digo dices dice decimos decís dicen	dije dijiste dijo dijimos dijisteis dijeron	decía decías decía decíamos decíais decían	diré dirás dirá diremos diréis dirán

직설법	접속법		명령형
가정미래	현재	불완료과거 (-ra형)	
conduciría conducirías conduciría conduciríamos conduciríais conducirían	conduzca conduzcas conduzca conduzcamos conduzcáis conduzcan	condujera condujeras condujera condujéramos condujerais condujeran	x conduce conduzca conduzcamos conducid conduzcan
conocería conocerías conocería conoceríamos conoceríais conocerían	conozca conozcas conozca conozcamos conozcáis conozcan	conociera conocieras conociera conociéramos conocierais conocieran	x conoce conozca conozcamos conoced conozcan
construiría construirías construiría construiríamos construiríais construirían	construya construyas construya construyamos construyáis construyan	construyera construyeras construyera construyéramos construyerais construyeran	x construye construya construyamos construid construyan
creería creerías creería creeríamos creeríais creerían	crea creas crea creamos creáis crean	creyera creyeras creyera creyéramos creyerais creyeran	x cree crea creamos creed crean
daría darías daría daríamos daríais darían	dé des dé demos deis den	diera dieras diera diéramos dierais dieran	x da dé demos dad den
diría dirías diría diríamos diríais dirían	diga digas diga digamos digáis digan	dijera dijeras dijera dijéramos dijerais dijeran	x di diga digamos decid digan

법	직설법			
시제 동사	현재	단순과거	불완료과거	단순미래
despertar 깨우다 despertando despertado	despierto despiertas despierta despertamos despertáis despiertan	desperté despertaste despertó despertamos despertasteis despertaron	despertaba despertabas despertaba despertábamos despertabais despertaban	despertaré despertarás despertará despertaremos despertaréis despertarán
doler 아프다 doliendo dolido	duelo dueles duele dolemos doléis duelen	dolí doliste dolió dolimos dolisteis dolieron	dolía dolías dolía dolíamos dolíais dolían	doleré dolerás dolerá doleremos doleréis dolerán
dormir 자다 durmiendo dormido	duermo duermes duerme dormimos dormís duermen	dormí dormiste durmió dormimos dormisteis durmieron	dormía dormías dormía dormíamos dormíais dormían	dormiré dormirás dormirá dormiremos dormiréis dormirán
empezar 시작하다 empezando empezado	empiezo empiezas empieza empezamos empezáis empiezan	empecé empezaste empezó empezamos empezasteis empezaron	empezaba empezabas empezaba empezábamos empezabais empezaban	empezaré empezarás empezará empezaremos empezaréiss empezarán
encontrar 발견하다 encontrando encontrado	encuentro encuentras encuentra encontramos encontráis encuentran	encontré encontraste encontró encontramos encontrasteis encontraron	encontraba encontrabas encontraba encontrábamos encontrabais encontraban	encontraré encontrarás encontrará encontraremos encontraréis encontrarán
entender 이해하다 entendiendo entendido	entiendo entiendes entiende entendemos entendéis entienden	entendí entendiste entendió entendimos entendisteis entendieron	entendía entendías entendía entendíamos entendíais entendían	entenderé entenderás entenderá entenderemos entenderéis entenderán

직설법	접속법		명령형
가정미래	현재	불완료과거 (-ra형)	
despertaría	despierte	despertara	x
despertarías	despiertes	despertaras	despierta
despertaría	despierte	despertara	despierte
despertaríamos	despertemos	despertáramos	despertemos
despertaríais	despertéis	despertarais	despertad
despertarían	despierten	despertaran	despierten
dolería	duela	doliera	
dolerías	duelas	dolieras	
dolería	duela	doliera	
doleríamos	dolamos	doliéramos	
doleríais	doláis	dolierais	
dolerían	duelan	dolieran	
dormiría	duerma	durmiera	x
dormirías	duermas	durmieras	duerme
dormiría	duerma	durmiera	duerma
dormiríamos	durmamos	durmiéramos	durmamos
dormiríais	durmáis	durmierais	dormid
dormirían	duerman	durmieran	duerman
empezaría	empiece	empezara	x
empezarías	empieces	empezaras	empieza
empezaría	empiece	empezara	empiece
empezaríamos	empecemos	empezáramos	empiecemos
empezaríais	empecéis	empezarais	empezad
empezarían	empiecen	empezaran	empiecen
encontraría	encuentre	encontrara	x
encontrarías	encuentres	encontraras	encuentra
encontraría	encuentre	encontrara	encuentre
encontraríamos	encontremos	encontráramos	encontremos
encontraríais	encontréis	encontrarais	encontrad
encontrarían	encuentren	encontraran	encuentren
entendería	entienda	entendiera	x
entenderías	entiendas	entendieras	entiende
entendería	entienda	entendiera	entienda
entenderíamos	entendamos	entendiéramos	entendamos
entenderíais	entendáis	entendierais	entended
entenderían	entiendan	entendieran	entiendan

법	직설법			
시제 / 동사	현재	단순과거	불완료과거	단순미래
enviar 보내다 enviando enviado	envío envías envía enviamos enviáis envían	envié enviaste envió enviamos enviasteis enviaron	enviaba enviabas enviaba enviábamos enviabais enviaban	enviaré enviarás enviará enviaremos enviaréis enviarán
estar 있다 estando estado	estoy estás está estamos estáis están	estuve estuviste estuvo estuvimos estuvisteis estuvieron	estaba estabas estaba estábamos estabais estaban	estaré estarás estará estaremos estaréis estarán
haber 있다 habiendo habido	he has ha / hay hemos habéis han	hube hubiste hubo hubimos hubisteis hubieron	había habías había habíamos habíais habían	habré habrás habrá habremos habréis habrán
hacer 하다 haciendo hecho	hago haces hace hacemos hacéis hacen	hice hiciste hizo hicimos hicisteis hicieron	hacía hacías hacía hacíamos hacíais hacían	haré harás hará haremos haréis harán
ir 가다 yendo ido	voy vas va vamos vais van	fui fuiste fue fuimos fuisteis fueron	iba ibas iba íbamos ibais iban	iré irás irá iremos iréis irán
jugar 놀다 jugando jugado	juego juegas juega jugamos jugáis juegan	jugué jugaste jugó jugamos jugasteis jugaron	jugaba jugabas jugaba jugábamos jugabais jugaban	jugaré jugarás jugará jugaremos jugaréis jugarán

직설법	접속법		명령형
가정미래	현재	불완료과거 (-ra형)	
enviaría	envíe	enviara	x
enviarías	envíes	enviaras	envía
enviaría	envíe	enviara	envíe
enviaríamos	enviemos	enviáramos	enviemos
enviaríais	enviéis	enviarais	enviad
enviarían	envíen	enviaran	envíen
estaría	esté	estuviera	x
estarías	estés	estuvieras	está
estaría	esté	estuviera	esté
estaríamos	estemos	estuviéramos	estemos
estaríais	estéis	estuvierais	estad
estarían	estén	estuvieran	estén
habría	haya	hubiera	x
habrías	hayas	hubieras	ha
habría	haya	hubiera	haya
habríamos	hayamos	hubiéramos	hayamos
habríais	hayáis	hubierais	habed
habrían	hayan	hubieran	hayan
haría	haga	hiciera	x
harías	hagas	hicieras	haz
haría	haga	hiciera	haga
haríamos	hagamos	hiciéramos	hagamos
haríais	hagáis	hicierais	haced
harían	hagan	hicieran	hagan
iría	vaya	fuera	x
irías	vayas	fueras	ve
iría	vaya	fuera	vaya
iríamos	vayamos	fuéramos	vayamos
iríais	vayáis	fuerais	id
irían	vayan	fueran	vayan
jugaría	juegue	jugara	x
jugarías	juegues	jugaras	juega
jugaría	juegue	jugara	juegue
jugaríamos	juguemos	jugáramos	juguemos
jugaríais	juguéis	jugarais	jugad
jugarían	jueguen	jugaran	jueguen

법	직설법			
시제 동사	현재	단순과거	불완료과거	단순미래
leer 읽다 leyendo leído	leo lees lee leemos leéis leen	leí leíste leyó leímos leísteis leyeron	leía leías leía leíamos leíais leían	leeré leerás leerá leeremos leeréis leerán
llegar 도착하다 llegando llegado	llego llegas llega llegamos llegáis llegan	llegué llegaste llegó llegamos llegasteis llegaron	llegaba llegabas llegaba llegábamos llegabais llegaban	llegaré llegarás llegará llegaremos llegaréis llegarán
morir 죽다 muriendo muerto	muero mueres muere morimos morís mueren	morí moriste murió morimos moristeis murieron	moría morías moría moríamos moríais morían	moriré morirás morirá moriremos moriréis morirán
oír 듣다 oyendo oído	oigo oyes oye oímos oís oyen	oí oíste oyó oímos oísteis oyeron	oía oías oía oíamos oíais oían	oiré oirás oirá oiremos oiréis oirán
pagar 지불하다 pagando pagado	pago pagas paga pagamos pagáis pagan	pagué pagaste pagó pagamos pagasteis pagaron	pagaba pagabas pagaba pagábamos pagabais pagaban	pagaré pagarás pagará pagaremos pagaréis pagarán
pedir 요청하다 pidiendo pedido	pido pides pide pedimos pedís piden	pedí pediste pidió pedimos pedisteis pidieron	pedía pedías pedía pedíamos pedíais pedían	pediré pedirás pedirá pediremos pediréis pedirán

직설법	접속법		명령형
가정미래	현재	불완료과거 (-ra형)	
leería leerías leería leeríamos leeríais leerían	lea leas lea leamos leáis lean	leyera leyeras leyera leyéramos leyerais leyera	x lee lea leamos leed lean
llegaría llegarías llegaría llegaríamos llegaríais llegarían	llegue llegues llegue lleguemos lleguéis lleguen	llegara llegaras llegara llegáramos llegarais llegaran	x llega llegue lleguemos llegad lleguen
moriría morirías moriría moriríamos moriríais morirían	muera mueras muera muramos muráis mueran	muriera murieras muriera muriéramos murierais murieran	x muere muera muramos morid mueran
oiría oirías oiría oiríamos oiríais oirían	oiga oigas oiga oigamos oigáis oigan	oyera oyeras oyera oyéramos oyerais oyeran	x oye oiga oigamos oíd oigan
pagaría pagarías pagaría pagaríamos pagaríais pagarían	pague pagues pague paguemos paguéis paguen	pagara pagaras pagara pagáramos pagarais pagaran	x paga pague paguemos pagad paguen
pediría pedirías pediría pediríamos pediríais pedirían	pida pidas pida pidamos pidáis pidan	pidiera pidieras pidiera pidiéramos pidierais pidieran	x pide pida pidamos pedid pidan

법	직설법			
시제 / 동사	현재	단순과거	불완료과거	단순미래
pensar 생각하다 pensando pensado	pienso piensas piensa pensamos pensáis piensan	pensé pensaste pensó pensamos pensasteis pensaron	pensaba pensabas pensaba pensábamos pensabais pensaban	pensaré pensarás pensará pensaremos pensaréis pensarán
perder 잃다 perdiendo perdido	pierdo pierdes pierde perdemos perdéis pierden	perdí perdiste perdió perdimos perdisteis perdieron	perdía perdías perdía perdíamos perdíais perdían	perderé perderás perderá perderemos perderéis perderán
poder ~할 수 있다 pudiendo podido	puedo puedes puede podemos podéis pueden	pude pudiste pudo pudimos pudisteis pudieron	podía podías podía podíamos podíais podían	podré podrás podrá podremos podréis podrán
poner 놓다 poniendo puesto	pongo pones pone ponemos ponéis ponen	puse pusiste puso pusimos pusisteis pusieron	ponía ponías ponía poníamos poníais ponían	pondré pondrás pondrá pondremos pondréis pondrán
practicar 연습하다 practicando practicado	practico practicas practica practicamos practicáis practican	practiqué practicaste practicó practicamos practicasteis practicaron	practicaba practicabas practicaba practicábamos practicabais practicaban	practicaré practicarás practicará practicaremos practicaréis practicarán
preferir 선호하다 prefiriendo preferido	prefiero prefieres prefiere preferimos preferís prefieren	preferí preferiste prefirió preferimos preferisteis prefirieron	prefería preferías prefería preferíamos preferíais preferían	preferiré preferirás preferirá preferiremos preferiréis preferirán

직설법	접속법		명령형
가정미래	현재	불완료과거 (-ra형)	
pensaría pensarías pensaría pensaríamos pensaríais pensarían	piense pienses piense pensemos penséis piensen	pensara pensaras pensara pensáramos pensarais pensaran	x piensa piense pensemos pensad piensen
perdería perderías perdería perderíamos perderíais perderían	pierda pierdas pierda perdamos perdáis pierdan	perdiera perdieras perdiera perdiéramos perdierais perdieran	x pierde pierda perdamos perded pierdan
podría podrías podría podríamos podríais podrían	pueda puedas pueda podamos podáis puedan	pudiera pudieras pudiera pudiéramos pudierais pudieran	x puede pueda podamos poded puedan
pondría pondrías pondría pondríamos pondríais pondrían	ponga pongas ponga pongamos pongáis pongan	pusiera pusieras pusiera pusiéramos pusierais pusieran	x pon ponga pongamos poned pongan
practicaría practicarías practicaría practicaríamos practicaríais practicarían	practique practiques practique practiquemos practiquéis practiquen	practicara practicaras practicara practicáramos practicarais practicaran	x practica practique practiquemos practicad practiquen
preferiría preferirías preferiría preferiríamos preferiríais preferirían	prefiera prefieras prefiera prefiramos prefiráis prefieran	prefiriera prefirieras prefiriera prefiriéramos prefirierais prefirieran	x prefiere prefiera prefiramos preferid prefieran

법	직설법			
동사 \ 시제	현재	단순과거	불완료과거	단순미래
querer 좋아하다 queriendo querido	quiero quieres quiere queremos queréis quieren	quise quisiste quiso quisimos quisisteis quisieron	quería querías quería queríamos queríais querían	querré querrás querrá querremos querréis querrán
recordar 기억하다 recordando recordado	recuerdo recuerdas recuerda recordamos recordáis recuerdan	recordé recordaste recordó recordamos recordasteis recordaron	recordaba recordabas recordaba recordábamos recordabais recordaban	recordaré recordarás recordará recordaremos recordaréis recordarán
repetir 반복하다 repitiendo repetido	repito repites repite repetimos repetís repiten	repetí repetiste repitió repetimos repetisteis repitieron	repetía repetías repetía repetíamos repetíais repetían	repetiré repetirás repetirá repetiremos repetiréis repetirán
saber 알다 sabiendo sabido	sé sabes sabe sabemos sabéis saben	supe supiste supo supimos supisteis supieron	sabía sabías sabía sabíamos sabíais sabían	sabré sabrás sabrá sabremos sabréis sabrán
salir 나가다 saliendo salido	salgo sales sale salimos salís salen	salí saliste salió salimos salisteis salieron	salía salías salía salíamos salíais salían	saldré saldrás saldrá saldremos saldréis saldrán
seguir 계속하다 siguiendo seguido	sigo sigues sigue seguimos seguís siguen	seguí seguiste siguió seguimos seguisteis siguieron	seguía seguías seguía seguíamos seguíais seguían	seguiré seguirás seguirá seguiremos seguiréis seguirán

직설법	접속법		명령형
가정미래	현재	불완료과거 (-ra형)	
querría querrías querría querríamos querríais querrían	quiera quieras quiera queramos queráis quieran	quisiera quisieras quisiera quisiéramos quisierais quisieran	x quiere quiera queramos quered quieran
recordaría recordarías recordaría recordaríamos recordaríais recordarían	recuerde recuerdes recuerde recordemos recordéis recuerden	recordara recordaras recordara recordáramos recordarais recordaran	x recuerda recuerde recordemos recordad recuerden
repetiría repetirías repetiría repetiríamos repetiríais repetirían	repita repitas repita repitamos repitáis repitan	repitiera repitieras repitiera repitiéramos repitierais repitieran	x repite repita repitamos repetid repitan
sabría sabrías sabría sabríamos sabríais sabrían	sepa sepas sepa sepamos sepáis sepan	supiera supieras supiera supiéramos supierais supieran	x sabe sepa sepamos sabed sepan
saldría saldrías saldría saldríamos saldríais saldrían	salga salgas salga salgamos salgáis salgan	saliera salieras saliera saliéramos salierais salieran	x sal salga salgamos salid salgan
seguiría seguirías seguiría seguiríamos seguiríais seguirían	siga sigas siga sigamos sigáis sigan	siguiera siguieras siguiera siguiéramos siguierais siguieran	x sigue siga sigamos seguid sigan

법	직설법			
시제 동사	현재	단순과거	불완료과거	단순미래
sentar 앉히다 sentando sentado	siento sientas sienta sentamos sentáis sientan	senté sentaste sentó sentamos sentasteis sentaron	sentaba sentabas sentaba sentábamos sentabais sentaban	sentaré sentarás sentará sentaremos sentaréis sentarán
sentir 느끼다 sintiendo sentido	siento sientes siente sentimos sentís sienten	sentí sentiste sintió sentimos sentisteis sintieron	sentía sentías sentía sentíamos sentíais sentían	sentiré sentirás sentirá sentiremos sentiréis sentirán
ser ~이다 siendo sido	soy eres es somos sois son	fui fuiste fue fuimos fuisteis fueron	era eras era éramos erais eran	seré serás será seremos seréis serán
servir 봉사하다 sirviendo servido	sirvo sirves sirve servimos servís sirven	serví serviste sirvió servimos servisteis sirvieron	servía servías servía servíamos servíais servían	serviré servirás servirá serviremos serviréis servirán
tener 가지다 teniendo tenido	tengo tienes tiene tenemos tenéis tienen	tuve tuviste tuvo tuvimos tuvisteis tuvieron	tenía tenías tenía teníamos teníais tenían	tendré tendrás tendrá tendremos tendréis tendrán
tocar 만지다 tocando tocado	toco tocas toca tocamos tocáis tocan	toqué tocaste tocó tocamos tocasteis tocaron	tocaba tocabas tocaba tocábamos tocabais tocaban	tocaré tocarás tocará tocaremos tocaréis tocarán

직설법	접속법		명령형
가정미래	현재	불완료과거 (-ra형)	
sentaría sentarías sentaría sentaríamos sentaríais sentarían	siente sientes siente sentemos sentéis sienten	sentara sentaras sentara sentáramos sentarais sentaran	x sienta siente sentemos sentad sienten
sentiría sentirías sentiría sentiríamos sentiríais sentirían	sienta sientas sienta sintamos sintáis sientan	sintiera sintieras sintiera sintiéramos sintierais sintieran	x siente sienta sintamos sentid sientan
sería serías sería seríamos seríais serían	sea seas sea seamos seáis sean	fuera fueras fuera fuéramos fuerais fueran	x sé sea seamos sed sean
serviría servirías serviría serviríamos serviríais servirían	sirva sirvas sirva sirvamos sirváis sirvan	sirviera sirvieras sirviera sirviéramos sirvierais sirvieran	x sirve sirva sirvamos servid sirvan
tendría tendrías tendría tendríamos tendríais tendrían	tenga tengas tenga tengamos tengáis tengan	tuviera tuvieras tuviera tuviéramos tuvierais tuvieran	x ten tenga tengamos tened tengan
tocaría tocarías tocaría tocaríamos tocaríais tocarían	toque toques toque toquemos toquéis toquen	tocara tocaras tocara tocáramos tocarais tocaran	x toca toque toquemos tocad toquen

법	직설법			
시제 동사	현재	단순과거	불완료과거	단순미래
traer 가져오다 trayendo traído	traigo traes trae traemos traéis traen	traje trajiste trajo trajimos trajisteis trajeron	traía traías traía traíamos traíais traían	traeré traerás traerá traeremos traeréis traerán
venir 오다 viniendo venido	vengo vienes viene venimos venís vienen	vine viniste vino vinimos vinisteis vinieron	venía venías venía veníamos veníais venían	vendré vendrás vendrá vendremos vendréis vendrán
ver 보다 viendo visto	veo ves ve vemos veis ven	vi viste vio vimos visteis vieron	veía veías veía veíamos veíais veían	veré verás verá veremos veréis verán
volver 돌아가다 volviendo vuelto	vuelvo vuelves vuelve volvemos volvéis vuelven	volví volviste volvió volvimos volvisteis volvieron	volvía volvías volvía volvíamos volvíais volvían	volveré volverás volverá volveremos volveréis volverán

직설법	접속법		명령형
가정미래	현재	불완료과거 (-ra형)	
traería traerías traería traeríamos traeríais traerían	traiga traigas traiga traigamos traigáis traigan	trajera trajeras trajera trajéramos trajerais trajeran	x trae traiga traigamos traed traigan
vendría vendrías vendría vendríamos vendríais vendrían	venga vengas venga vengamos vengáis vengan	viniera vinieras viniera viniéramos vinierais vinieran	x ven venga vengamos venid vengan
vería verías vería veríamos veríais verían	vea veas vea veamos veáis vean	viera vieras viera viéramos vierais vieran	x ve vea veamos ved vean
volvería volverías volvería volveríamos volveríais volverían	vuelva vuelvas vuelva volvamos volváis vuelvan	volviera volvieras volviera volviéramos volvierais volvieran	x vuelve vuelva volvamos volved vuelvan

초급 스페인어 작문 개정판

초　판1쇄 발행 2011년 2월 20일
개정판1쇄 발행 2015년 2월 10일
개정판2쇄 발행 2017년 3월 10일
개정판3쇄 발행 2019년 5월 28일
개정판4쇄 발행 2022년 2월 11일

지은이 이강국, 성초림, 곽재용, 유은정
발행인 고윤성 Director, University Knowledge Press
편집장 신선호 Executive Knowledge Contents Creator
도서편집 이근영 Contents Creator
장혜정 Contents Creator
재무관리 조아라 Managing Creator
정윤경 Managing Creator
전자책 · 사전 장지혜 Contents Creator
발행처 한국외국어대학교 지식출판콘텐츠원
02450 서울특별시 동대문구 이문로 107
전화 02) 2173-2493~7
팩스 02) 2173-3363
홈페이지 http://press.hufs.ac.kr
전자우편 press@hufs.ac.kr
출판등록 제6-6호(1969. 4. 30)
디자인 · 편집 (주)이환디앤비 02)2254-4301
인쇄 · 제본 (주)케이랩 053)583-6885

ISBN 978-89-7464-955-5 13770　　　정가 18,000원

*잘못된 책은 교환하여 드립니다.

HUINE 은 한국외국어대학교 지식출판콘텐츠원의 어학도서, 사회과학도서, 지역학 도서 Sub Brand이다. 한국외대의 영문명인 HUFS, 현명한 국제전문가 양성(International+Intelligent)의 의미를 담고 있으며, 휴인(携引)의 뜻인 '이끌다, 끌고 나가다'라는 의미처럼 출판계를 이끄는 리더로서, 혁신의 이미지를 담고 있다.